BK Testing

BK Testing

BK Testing

BK Testing •

BK測試

身體會告訴你什麼最好

楊碩英、蔡安和　著

BK 測試。

紅糖放胸口 BK 測試，平舉之手臂抗力強而有力，用力也壓不下去。

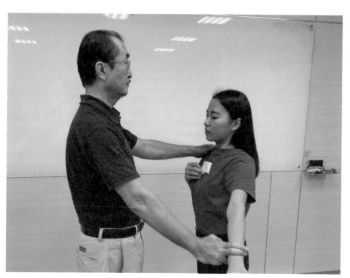

白糖放胸口 BK 測試，平舉之手臂抗力變弱，很輕鬆的就能被壓下去。

上圖是我的學生施敬尹的四張相片，除了手指比著不同的數字外，她面部的表情幾乎一模一樣，但當你看著手指比數字1和4的相片時，你的肩肌抗力強而有力；當你看著手指比數字2和3的相片時，你的肩肌抗力立刻變弱。是不是很神奇？請看第三章（P.73）的說明。

這四張相片中，一張是施敬尹想一位她敬愛的人時拍攝的，一張是想一位她憎恨的人時拍攝的，一張是看著一位正面形象人物的照片時拍攝的，一張是看著一位負面形象人物的照片時拍攝的。一般人不太可能分辨得出來哪張是哪個情況下拍攝的，但若學會 BK 測試，你的身體就能分辨出來，這是不是更神奇了？請看第九章（P.136）的解說。

目　錄

第一部分　直接 BK 測試

擴大到生活的每一個層面／該由哪部分開始練習？

第二部分　間接 BK 測試

第三部分　BK 測試更高層次的探究

何成功發展出一套能衡量非常大數字的系統？／測出意識能量水平超高的音樂／意識能量水平超高的施測者能夠測出更高深的內涵

附錄　BK 測試方法教學

一門值得探索的學問

劉維琪

　　本書介紹 BK 測試，內容精彩，我欲罷不能的一口氣將它讀畢。楊碩英教授文筆流暢，論述完整，舉證明確，使得本書非常具有說服力，值得一讀再讀。

　　所謂 BK 測試，就是透過自己的身體，來辨別正能量事物或負能量事物的一種實驗方法。每次測試甚至可以得到一個能量水平分數，引導我們趨吉避凶，進而邁向正能量的人生。BK 測試神奇的地方在於，無論它重複測試或換不同的人測試，所得結果都一樣，所以它是客觀的。

　　正如楊教授所言，真相只有一個，我們不能因為測試結果可能和自己的主觀想法不同，就認為其不科學，我們應以科學精神去面對它。早在 1980 年代，在大陸即有錢學森院士等人提倡人體科學研究，希望藉由人體科學來提升人類心性。可惜因為諸多因素，人體科學當時在大陸被誤解，而沒能繼續發展下去。在西方也有很多類似的研究，其中又以霍金斯博士所倡導的 BK 測試引起廣大迴響，楊教授和他的研究團

隊，歷經十餘年研發，再將霍金斯的 BK 測試發展成 2.0 版，
使得可測試的事物範圍更廣，更容易激發我們尋找較有效的
方式，來提升自己的心性。

　　楊教授治學嚴謹，教學更是引人入勝。我於 1983 年擔任
國立中山大學企管系主任，到美國維吉尼亞理工大學邀請楊
教授返國任教，這應該是我當時做得最對的一件事。楊教授
多年來講授「系統動力學」和「創意思考」兩門課，影響了
許多學生改變人生。記得有次他在高階主管班上課，當場使
兩位多年來互不講話的主管言歸於好，他永遠都是 EMBA 班
最受歡迎的教授。

　　還有一次有一家出版社請楊教授校閱一本翻譯書，他非
常認真逐句修正，到最後幾乎等同重寫一遍；現在大家耳熟
能詳的「願景」一詞就是他在校閱該書時首創的；出版社感
動之餘，有意掛他為譯者，楊教授卻很客氣的婉拒了，那本
書最後成為暢銷書。楊教授當年給我的建議：凡事要「Being
different」（與眾不同，選對的事去做）和「Being better」（精
益求精，將事做得更好），至今對我仍受益無窮。他自己也
總是 Being different and being better，由土木工程一路跨界到
BK，不斷學習他認為更重要的新領域，專注投入直至精熟，
進而創新出更好的成果。

　　他在中山大學創立的「系統思考與組織學習研究室」，近三十年來培育了不少優秀的博士生，研究團隊發表嚴謹的突破性論文，推翻了麻省理工多年來的研究結論，曾轟動國際系統動力學界，而被國際系統動力學學會會長譽為全球五大研究重鎮之一。我擔任中山大學校長期間，常帶國際訪客去參訪他所領導的研究室。

　　這本書是楊教授和其研究團隊多年來從事 BK 實驗的忠實報告，對於許多實驗結果為何如此，他自己也不能完全解釋。但他認為我們不應以「有限的已知」來否定「廣大的未知」，我們應該用科學求真的態度去探索它，將其發展成一門學問，才有利於我們累積正能量，並持續提升我們的心性。

（本文作者為中華大學校長、中華民國管理科學學會理事長，曾任教育部高教司司長、國立中山大學校長、高等教育評鑑中心基金會董事長、台灣高鐵公司董事長）

一個真正的知識分子

宋鎧

　　哇，楊老師出書了！我認爲這是一件大事啊。認識他這麼多年以來，我心裡一直認爲，不只是在台灣，就全世界來講，他都是一位很特殊的教授。我認爲他寫的這本書，非常值得天下所有知識分子閱讀並借鑑、學習其中的智慧。

　　北宋理學大家張載提出著名的「橫渠四句」，認爲讀書人要「爲天地立心，爲生民立命，爲往聖繼絕學，爲萬世開太平。」我認爲這就是知識分子最高的標準，也是爲人處事、做學問應該努力的大方向，無論他是哪個領域的。一個知識分子這一輩子如果能夠做到這四件事的其中一件，他才算是一個眞正的知識分子。

　　我是 1984 年到中山大學創立資管系時認識楊碩英教授的，他打破了我一些有限的認知，令我非常敬佩。當我離開了中山大學到中央大學後，經常回中山大學，一定先去看楊教授，每次和他交談對我都很有啓示。楊教授談的創意思考和系統思維總讓我在收穫的喜悅外，進一步想探究：他是怎

麼能夠悠遊自在的出入時間和空間的交錯關係上的？在我心目中，他是一個真正的知識分子。

　　知識的擴充就是一個從有限走向無限的過程，我們不論讀了多少書，卻總要理解自己所知道的只是一點點而已，還有太多我們不理解的事情。千萬不要輕易並且草率的用我們極有限的知識來否定我們不理解的事情。楊教授多年來從他專精的土木工程，轉向系統動力學成為台灣主要的拓展者，橫跨至學習型組織領域成為海峽兩岸五項修練的主要推手。然後又更勇敢的走進他不熟知的 BK 領域努力鑽研十幾年，然後寫成這本他生平的第一本書，我們應該用我以上所主張的態度來閱讀這本玄奇但非常重要的書。書中所介紹的 BK 測試，竟然可以橫跨所有的時間和空間來探討生活上、生命中、歷史上、甚至前世中的許許多多事情，真是不得了，這對人類太有價值了！有一次他花了一兩分鐘為我測哪個醫生的建議最好及最適合我目前病況的藥及服用量，測的結果非常合理而有幫助。BK 測試是協助任何決策的好方法。

　　我有一個最簡單的結論：楊教授可謂是當前知識分子中最重要的導師之一。多年來他帶領一批學生從有限走向無限，在過程中從點到線到面，把學生的認知從空間的擴展到時間的延伸，得到了了不起的成果，這是令我非常佩服的。在我

的生活經驗中，眞的很少看到這樣的教授。

　　我心目中認爲「橫渠四句」還要加上「眞善美」才能達到中國傳統文化天人合一境界的這種想法，楊教授在這本書中更清楚的以大量列舉人類各種正能量的心性行爲，進一步分類論證而改以「眞善忍」予以落實。

　　還有一件事我想要提一下，就是楊教授曾贈我《轉法輪》，但我並未細讀。讀了本書之後，我才了解《轉法輪》的正能量高不可測，我有空一定要再認眞的讀一讀。也了解楊教授一再推介的「神韻」也擁有無與倫比的正能量，「神韻」再來台演出時，我一定會排除萬難去觀賞。

（本文作者爲中央大學資管系教授，曾任中山大學資管系主任、中央大學資管系主任及管理學院院長、中華民國資管學會創會理事長、中華決策科學學會理事長）

你懷疑嗎？請動身求證！

陳加屏

　　學習型組織大師楊碩英老師終於出書了！但內容既非他的主修領域「系統動力學」，也非學習型組織，而是玄奇的BK。老實說，BK連歸入非主流的學術領域都很難，只能廁身另類玄學之列。

　　難道他不知道這樣會影響自己的學術聲譽嗎？

　　其實這正反映出楊老師嚴格求真的處世態度。不管自身毀譽及世俗觀感，只問真假是非，只要自己動手嚴格驗證是真的、是有益的，雖千萬人吾往矣。他對於系統動力學及學習型組織是如此，對於不入學術之流的BK測試依然如此。

　　我猜多數讀者拿起這本書，一定既好奇又存疑——BK測試，只要壓壓手臂就能判斷事情真偽，甚至還能問事，如此神奇而又簡單到只需舉手之勞的方法，是真是假？

　　其實，楊老師初接觸BK測試時，也跟大多數人相同，充滿著疑問，他除了找文獻，四處求教之外，最大的差別是，他直接動手去求證，而非輕率的否認超常現象的存在。這本

書雖然談論 BK 測試，但我認為更是一位真性情學者在 BK 測試這條路上的探索紀錄。閱讀中，總會不時憶起跟著楊老師做博士研究時的點滴片段，雖然場景不同、主題不同，但內蘊相同的行止風範，穿透紙張，直入眼簾。雖然歲月催人老，但不變的是誠心求真的研究態度、古道熱腸的傳播善知識、不計個人毀譽的擇善堅持。

BK 測試是真是假？

你若問我，我的答案很滑頭。

我曾經用「雙盲方式」測試過，所謂的雙盲就是 BK 測試雙方都不知道答案，答案寫在五張小紙條上，摺起來無法看到，然後重複三次，答案居然一樣，機率低到 0.8％，令人毛骨悚然。更多時候是兩地驗證，某組人已得出答案，然後請遠在另一地的另一組人重測，結果居然也一分一毫不差。

可是，我不會給你肯定答案。其一，太匪夷所思，很難用現有科學知識解釋，與其爭辯，不如存而不論。其二，懷疑不信者，往往很難複現相同實驗結果（理由書中有解釋，不贅述），所以答案就留給你來回答。

BK 測試是真是假？你可以不相信作者，但請暫緩判斷，親自去求證。

本書中不僅有詳細的說明，也有驗證的題目！其次，若

無閒功夫只想吸收一點知識，書中也羅列了許多其他研究方法很難求得的有趣問題與答案。譬如，孔子說的語言是客家話、腰桿打直有益健康、尼龍成分的衣帽有害健康等。

　　BK 測試到底是眞是假？因爲很重要，所以反覆說了三遍以上。

　　如果這本書捲起千堆雪──大賣且引發話題，則我相信必有科學基本教義派以現有科學的規範來苛責 BK 測試的眞僞。不過，眞正的科學本就在相互攻防之間前進，換言之，挑戰是不可避免的，但就怕不走實證而僅論證，即不動手做實驗，而只以現有科學理論來推論，進行文字的批駁，則 BK 測試恐在眾口爍金下，淹沒於口水中，這將是人類的一大損失。

　　如果懷疑，先別急著問腦，請動手做實驗，問身體。

　　因爲「身體會告訴你什麼最好」！

（本文作者爲資深斜槓、愼思群創力顧問公司總經理、多家企業資深顧問、中正大學企管系兼任助理教授）

鼓舞你我追求真理與真相　　汪維揚

　　失去了好奇心，我們將如何度過每一天，以及我們的生命？

　　人類天生就好奇，好奇心讓我們的生命與生活充滿了意義與樂趣，這股因好奇而驅動的追求，推動了人類社會的發展。其中又以對真相與真理的好奇與追求影響最大。我們很輕易的就能舉出身邊有多少事物是因此誕生、存在，而此刻它也正讓你出現在此並翻閱本書，是嗎？

　　對真相與真理的追求，時時刻刻影響著我們，但我們並不察覺。它影響我們的言行、想法、觀念、態度、生活，甚至是生命的型態。我們曾經接觸或聽聞許多特別的人，他們的人生故事、事蹟、言行與智慧，都讓我們感覺很特別。楊碩英教授就是我認識的一個很特別的人，他也是我的老師。細想他的特別之處，可以說來自他追求真理與真相的態度與勇氣。他鍥而不捨，他另闢蹊徑，他不計個人的得失與旁人的眼光，為的是盡可能的更接近真理與真相。他長年專注在

發掘什麼才是理想、偉大的組織，而我們又該如何創造、實踐成為一個理想與偉大的組織？於是了解、探究與實踐學習型組織成為他努力接近真理與真相的路途。學習型組織中最關鍵的部分就是「人」，一切的成就與結果，都來自人及人與人所建造出來的。因此，對於人，你我究竟該相信什麼、追求什麼、說什麼和做什麼，什麼是我們心中朝向的真理與真相的方向，自然成為最關鍵的部分。也就是楊老師經常提醒和強調的高槓桿解。

　　人事物有其運作的系統，而且很複雜，想要有效改變結果與過程，不想成為系統的囚犯，唯有辨識出系統的高槓桿解。然而，高槓桿解的發現甚至創造，其實和我們追求真理與真相的態度和勇氣息息相關。反過來說，沒有真正在乎真理與真相的態度，缺乏追求真理與真相的勇氣，難有機緣去發現系統的高槓桿解，更不用說創造或是另闢蹊徑了。你我也只能無奈的成為無法逃脫的囚犯。

　　本書的另一位作者蔡安和，是楊老師的學生，也算是我的學弟吧，哈哈！沾一下光。他長時間跟在楊老師身邊學習，為本書做出很大的貢獻，實在值得敬佩。

　　《BK 測試・身體會告訴你什麼最好》是本書作者努力追求真理與真相的成果之一，讓我們有了更為直接與方便的應

用工具，大大鼓舞了我們對好奇的人事物，進一步探究的動力。憑藉手臂肌力的按壓測試，這麼神奇的方法！它科學嗎？它可信嗎？我想答案因人而異吧！真正的答案，決定在你我對真理與真相的態度與勇氣。科學真正在乎的不只是方法，更重要的是信念，追求真理與真相的信念。而且不僅僅是局限在身外的事物，其中亦包括了人或生命本身，不包括後者，前者所獲致的結果也是狹隘、可疑的。這個領域的發展或許還在開始階段，但是當能夠或有機會更接近真理與真相時，我們仍然害怕、顧慮旁人的眼光和批評？我們仍然沒有勇氣另闢蹊徑直搗黃龍？

　　本書再次呼喚並鼓舞你我心中追求真理與真相的好奇心，讓自己的每一天充滿樂趣和意義。更珍貴的是它可能改變你我的生命型態！

（本文作者為力煒奈米科技執行長，前高雄應用科技大學資管系主任）

BK 測試：藏在你我身體裡的大智慧

　　我們都希望在這好壞真偽紛亂錯雜的世界裡，能夠及早獲得正確而即時的資訊，做為自己判斷事物、做出正確決策的參考。

　　在這食安問題層出不窮、防不勝防的年代，如果有這樣一種方法，能協助我們在有關機構費時研究調查檢驗公告有害食品之前，自己就能立刻分辨食物的好壞，那該有多好！

　　在這假訊息、假新聞肆虐，各種媒體報導傳播偏頗、誤導、扭曲、抹黑、造謠、中傷的資訊年代，如果有這樣一種方法，能協助我們立刻分辨是真是假，那該有多好！

　　無論是選才也好，選舉也好，如果有這樣一種方法，能協助我們立刻分辨出誰是最好、最賢能的人選，那該有多好！

　　如果有這樣一種方法，能協助我們立刻分辨可能病因及最佳療法，那該有多好！

　　如果真有這樣一種方法能協助我們分辨好壞、真偽、善惡，告訴我們什麼最好，我們將會生活在一個更好的世界。

你想想看，它對人類的貢獻將何等巨大！

過去這十五年來，我們做了許許多多的實驗發現：本書所介紹的 BK 測試就是這樣一種方法，它是藏在你我身體裡的大智慧，是上天賜給我們最好的禮物。

BK 測試是一種非常簡單而客觀的方法。它用身體就可以協助我們破除健康方面的許多迷思，立刻分辨任何食物對健康有益還是有害；辨識任何事物對心理行為的影響是好是壞；判斷任何決策選項的優劣；測定任何人事物的能量水平；驗證任何事情包括科學理論的真偽；跨越時空探究歷史的真相；簡單而快速的測試就能獲得與一些複雜而費時的方法同樣甚或更進一步的結果；以及許多其它有趣或有價值的應用。

BK 測試可以立即提供一些決策的參考，然後由我們自己做最後的判斷與選擇。

執行方式是：由一個「施測者」用手壓另一個「受測者」平舉的手臂，測試其肩肌是否鎖緊，以測定事物的好壞或真偽。例如：當施測者陳述「測紅砂糖」時，受測者肩肌抗力會強而有力，而使施測者用力也壓不下去，即測出紅砂糖的能量是正的、是好的、是對健康有益的；當施測者陳述「測白砂糖」時，一件驚人的事發生了，受測者的肩肌抗力立刻減弱，而使施測者不太用力卻能壓得下去，即測出白砂糖的

能量是負的、是壞的、是對健康有害的。

　　又例如：如果我們現在人在高雄，當施測者陳述「這裡是高雄」時，受測者的肩肌抗力會強而有力，而使施測者用力也壓不下去，因為陳述是對的。當施測者陳述「這裡是台北」時，驚人的事再度發生，受測者的肩肌抗力立刻減弱，而使施測者不太用力卻能壓得下去，因為陳述是錯的。只要條件符合，任何人來做都會呈現這種神奇的現象。

　　BK 測試最初是以肌肉抗力的強弱來分辨對身體免疫力有益或有害的食物。隨後發現，不只是吃的食物會影響我們，眼睛看的、耳朵聽的、腦中想的都會有影響，有些影響還非常大。後來發展成能分辨出對身心靈有益的正能量或有害的負能量，也可以透過分辨事物的好壞真偽協助我們做各種決策，還發現許多其他頗有價值的應用。

　　這些年來，我們做了成千上萬的 BK 測試。除了測試自己生活上的事物外，也為學生做測試。測他們帶進教室的早餐、各種飲料、宿舍的飲用水、零食、飾品、面膜、衣著、衣服的顏色、圖案、聽的音樂、用的手機、帽子的材質、頭髮染的顏色、背包、鞋子、書籍等，測出其中許多是負能量的。

　　也為他們的許多抉擇做測試：選哪個研究方向、找誰做指導教授、畢業後先就業還是讀研究所或出國、去哪個國家

發展較好、選哪個研究所最好、適合哪個行業、該選哪家公司、最適合去大陸發展還是留在台灣……有時也為每個人測出本身擁有的最好特質，讓他們更知己所長、知所歸屬。

也有學生請我們測他敬佩的一位教授智商多高、網路上盛傳的某種偏方對他父親的糖尿病是否有效，也有要我測女友是否真愛他……林林總總。

我們也到許多地方與場合對各式各樣的人做了上百場 BK 測試演講，聽眾要我們測試的內容更廣泛了。

物品方面例如：各種珠寶首飾、能量物品、古董的真偽或年代、公司產品、欲購之土地、自己的畫作、種的小番茄、稻米等。

問題方面例如：選哪種治療方法、選哪個醫生、這個藥好不好、真有效嗎、這種養生方法如何、這個修行法門及經書如何、那個上師如何、孩子的前途如何選擇、合作投資的夥伴選誰最好、幾位候選人中誰最有能力擔當重責大任、政府領導人是否說真話等。

也有 email 請求幫忙測試的人，一般我們都請他來中山大學當面交流、探詢清楚才測試。也有一些人是使用某些工具測試能量的高手，找我們切磋並運用 BK 測一下他的方法的

能量水平。

多年來，我們越來越精熟 BK 測試，也累積了不少寶貴經驗，測試信心益增，應用範圍益廣，也有一些創新。我們越來越覺得，還有更多對人類有價值的應用值得各領域專家來共同合作及開拓。因為 BK 測試只是一個方法，需要各領域的專家提供專業資訊，才能提出好的問題陳述來測試。

幾年前，方智出版社的一位主編找楊碩英撰寫介紹 BK 測試的書籍，但是由於它太玄奇超常，楊碩英擔心會引起很多質疑與批評，所以就婉拒了。

2018 年 4 月中旬，方智的另一位編輯又和楊碩英聯繫，再度希望他寫書，這時楊碩英憶起 1982 年看英文版《易經》時，讀到心理學巨擘榮格所寫的序。大意是他畢生從事科學研究，實在不應該為這種玄奇的書寫序，但他想想自己已經80 幾歲了，這個時候不說真話還要等到什麼時候？於是就忠實的寫下他應用《易經》協助心理諮商神奇而難以解釋的經驗，並讚嘆《易經》的偉大。

既然我們在這十幾年來對 BK 測試的正確性已有很深的體認，也應把一些寶貴經驗忠實的寫出來供大家參考，就答應了邀稿。

　　質疑與批評總是會有的，尤其這麼玄奇的方法。回想我們當初接觸 BK 測試時不也有一些質疑，不過想想，可見光在光譜上大概只占了億分之一，有太多不可見光我們看不見，但看不見不表示不存在。這宇宙太大了，我們所了解的實在有限，不應以「有限的已知」來否定「廣大的未知」。人家書都寫出來了，我們應該以謙虛、好奇而開放的態度先把書看一看，瞭解一下，也學著測測看，挑戰一下。沒想到反被 BK 說服了。

　　在書中我們刻意將 BK 測試區分為「直接測試」和「間接測試」，之所以如此是因為間接測試過程較為複雜，陳述較不明確，測出之結果也不容易印證是否正確，所以初學者應從直接測試入手，俟有十足把握後，再練習間接測試。

　　內文的序章到第十二章是由楊碩英撰寫的，皆以第一人稱「我」的角度撰文；附錄則是由楊碩英及蔡安和共同合寫，所以撰文角度改為「我們」。這是為了方便寫作，希望不會造成你閱讀上的困擾。

　　既然 BK 測試是測真相的，那麼對人類而言最重要的真相是什麼？我們認為是「生命的意義」這個哲學層次的課題——人為何而生？是有目的還是偶然的？如果是有目的的，

那麼來到世上真正的目的到底是什麼？你不妨以開放的態度閱讀第十一章，看看 BK 是如何探究這個千百年來哲學家們尚無定論的重大課題。

你不必依序閱讀，我們刻意把目錄編得很細，以便你選擇一些自己有興趣的子題挑著看、跳著看。

我們也測了一下本書的意識能量水平，竟然高得驚人，超過第十一章提到的「誓約」那幅畫；也測了一下每一章內容，都遠遠的超過「誓約」；當中，最高的是第十一章。我們接著測「為什麼會如此之高？」原來是因為內容介紹了我們用 BK 找到的三個無比珍貴且能量高不可測的「生命的高槓桿解」。

希望你以輕鬆而開放的心情翻閱這本超高正能量的書，也相信它會幫你找回身心靈的正能量。

楊碩英、蔡安和於高雄西子灣

序章
我是如何接觸到 BK 領域的？

　　行為肌肉運動學（Behavioural Kinesiology，簡稱 BK）的肌肉抗力測試（muscle testing）是本書所要探討的一種非常神奇的方法——如何以人體肌肉抗力的強弱來分辨人事物的好壞、真偽、善惡。

　　我是成大土木系畢業的，1982 年在美國維吉尼亞理工大學獲得土木工程博士學位。1984 年返台至高雄中山大學企管系任教至今，怎麼會接觸、學習並深入探究如此玄奇的領域？

　　1990 年，我在麻省理工認識《第五項修練：學習型組織的藝術與實務》的作者彼得・聖吉博士。他的研究有一部分是在探討某些運動、藝術或企業團隊近乎奇蹟般的傑出表現，他想從量子物理家大衛・波姆所提出的內隱宇宙（implicate order）觀點來解釋他所研究的那些傑出團隊的一些「玄奇超常」現象。

　　此外，聖吉在《第五項修練》中提到，十多年來他和研究夥伴私底下是用「metanoia」來形容他所倡導的學習型組織

的眞諦。metanoia 是個希臘字，「meta」是 transcendence，有超越／超凡／提高層次的意思；「noia」是 ofmind，屬於心／心靈／心性方面。用較直白的話來說，metanoia 就是「提高心性」，是學習型組織的精義所在。

但是問題來了，我們如何透過學習型組織的五項修練提高心性？我們又該如何知道心性提高了？有比較客觀的衡量方法嗎？有更高效的提高心性的方法嗎？

◆ 一封來自學習型組織大師的信

大概是 2003 年 4 月的時候，我接到聖吉寄來的一封電子郵件。他說有一位贊助日本江本勝博士從事水結晶研究的荷蘭企業家來麻省理工拜訪他，送了他江本勝撰寫的《*The Message from Water*》。他讀了以後覺得很興奮，因爲這個研究顯示：水也是有感知的，會感知好壞、善惡；也就是說水結晶這個科學方法可以客觀、重複而普遍的分辨好壞、善惡。這和目前主流科學心物二元的觀點完全不同。

此外，這個研究所觀測到的水結晶狀態和我們肉眼所看到的這個時空的水狀態非常不同，顯示水結晶是在另外的時空顯現，而那個另外的時空是他非常想要探究的領域（後來他在第五本書《修練的軌跡》中用了一些篇幅介紹江本勝的

水結晶實驗）。他說我們首先要做的是看看能不能夠重複江本勝所做的實驗，問我願不願意在中山大學進行這樣的實驗，他在麻省理工也同時進行。那時我正好剛看完台灣出版的江本勝《來自水的訊息》，就回覆聖吉 OK。

◆ 聖吉對內隱宇宙的探索

聖吉爲什麼對「另外的時空」這個領域感興趣？這要從他《第五項修練》的研究談起。

他最早是在研究他稱之爲「具有超常表現的團隊」（extraordinary team），他甚至用「奇蹟」（miracle）來形容研究對象，我想這在管理大師中也是絕無僅有的吧。他發現有些企業團隊、藝術團隊和運動團隊有超乎尋常且難以置信的傑出表現，無法用常理來解釋，例如有些企業團隊竟然在一天之內完成了本來需要一週才能完成的工作。NBA 史上連續獲得總冠軍最多次的是波士頓的塞爾提克隊，連續八年獲得；於是聖吉去訪問了當年率領塞爾提克隊八連霸的當家中鋒比爾・羅素，問他爲什麼他們當年的表現如此傑出？羅素說了一些一般的原因，但最後表示其實有一個秘密這麼多年來他們從沒說出來——他們打得非常好的時候會進入另外的時空（enter the zone）。聖吉問他是什麼意思？他說他們會

進入慢動作的狀態，一切都變得緩慢，那麼，高難度的過人、傳球就變得沒那麼困難，但在外界看來就顯得非常神奇。

要如何解釋這種現象？聖吉找遍了管理科學和行為科學的文獻，都找不到任何相關研究，所以連假設都提不出來。

1988 年，英國倫敦大學的量子物理大師大衛‧波姆教授來麻省理工演講，介紹了他所提出的內隱宇宙概念 —— 人類能夠看得到、聽得到、摸得到的這個世界，他稱之為外顯宇宙（explicate order），但同時同地存在我們看不到、聽不到、摸不到的時空，他稱之為內隱宇宙，也就是同時同地存在另外的時空。

這令聖吉非常振奮，因為他可以對賽爾提克隊那種超常現象提出一種假設：他們不知什麼原因竟然進入一個比較慢的時空。在聖吉的第二本書《第五項修練 II 實踐篇》中，他畫了一個實踐學習型組織的藍圖，將高層內隱宇宙視為影響深度學習循環的主要因素。

◆ 江本勝的水結晶實驗帶來的啟發

江本勝的水結晶實驗一般是這樣做的：例如，把水裝到五十個瓶子裡，在瓶子外貼上「謝謝」（可以是日文、英文、中文、韓文或其他各種語言文字），然後用吸管取出實驗水，

滴一滴於試盤中，將其放到零下 25 度 C 的冷凍庫三個小時使之結冰，然後再移至零下 5 度 C 的冷藏室中，用特殊顯微相機拍攝冰的突出部分，這時就會看到許多水結晶的照片呈現美麗而完整的六角形結晶結構；但如果貼上的是「煩死了，殺了你」，就完全看不到六角形結構，反而呈現出醜陋、歪斜、潰爛、零亂的樣子。如果貼的是德蕾莎修女的名字或照片，就會呈現美麗而完整的六角形結晶結構；但如果貼的是希特勒的名字或照片，就會呈現與「煩死了，殺了你」頗為近似的樣子。

　　如果播放貝多芬、莫札特、巴哈的交響樂，就會呈現美麗而完整的六角形結晶結構；如果播放重金屬音樂，就會呈現毫無結構而完全破碎的樣子。

　　東京的自來水經過嚴格的淨化過程，看起來清澈而乾淨，在旅館中是可以直接生飲的。前東京都知事石原慎太郎甚至把他引以為傲的東京自來水瓶裝分送世界各國當作禮物。然而江本勝的實驗顯示，東京自來水的結晶非常不好看，他勸大家千萬不要生飲。

　　就從東京自來水的結晶這一點來比較，水結晶所呈現的顯然和我們這個空間所看到的非常不同，所以聖吉才認為水結晶是在另外的時空呈現的。

　　另外一個更重要的發現是，水結晶可以客觀分辨心性的好壞：因爲被德蕾莎修女（大家公認的好人）和希特勒（大家公認的壞人）的名字或照片「影響」過的水滴，所呈現出的水結晶明顯不同。

◆ 在中山大學嘗試進行水結晶實驗

　　我在中山大學領導的系統思考與組織學習研究室不久後就發現，校內的生命科學研究所擁有冷凍庫、觀察用的顯微鏡，以及攝影設備，於是便開始進行水結晶實驗，但是都失敗了。當時我還不知道江本勝的實驗是在零下 25 度 C 進行，而中山大學的冷凍庫只有零下 5 度 C。我們自己買了小型冷凍櫃來做實驗也不行，條件差得太遠，後來就放棄了這項實驗。

　　江本勝的水結晶實驗顯示：不同的語言、文字、圖像、聲音所代表的資訊是具有不同能量的。譬如「希特勒」這三個字所代表的是和這個人有關的資訊，它蘊含著一種負面能量；「德蕾莎修女」這幾個字所代表的是和這個人有關的資訊，它蘊含著一種正面能量。正因爲這些資訊蘊含著不同的能量，所以對於水的結晶結構才會有不同影響。這些資訊似乎不受時間、空間影響，即使它們所蘊含的能量非常微小，但是，是正、是負、是好、是壞的差異還是非常明顯。

重點是：負面資訊會破壞水結晶結構，能夠破壞水結晶完整時的六角形結構。這點對於我在第三章中試圖解釋為什麼在做肌肉抗力測試時「當我們所陳述的內容蘊含負面資訊，會導致肌肉抗力突然變弱」這種奇特現象非常重要。

我開始重新尋找，有沒有其他類似的方法可以客觀、重複而普遍的分辨好壞、善惡。

◆ 初次接觸 BK 領域，如獲至寶

不久之後我在報紙上讀到了一篇報導，介紹科學家霍金斯博士的研究，他發現人類意識的好壞、善惡是可以用一種由約翰‧戴蒙（John Diamond）醫生發展出來的行為肌肉運動學的肌肉抗力測試來測定。我心想真的假的？但是他都已將書寫出來了，我應該先瞭解一下再下結論，就立刻上網訂購他的大作《心靈能量：藏在身體裡的大智慧》。

拿到原文書之後，我立刻仔細研讀實驗，花了不少時間精熟書中所採用的肌肉測試方法，發現此方法也能和水結晶實驗一樣，可以客觀、重複而普遍的分辨好壞、善惡；此外還能量化，以及做更多更廣泛的運用，真是如獲至寶。

前面提到，聖吉所倡導的學習型組織的精義在於提高心性，但是我們如何知道心性提高了？有比較客觀的衡量方法

嗎？水結晶雖然可以客觀的分辨心性好壞，但是由於沒有量
化，所以無法具體得知提高了沒有。世間還有許多倡導人心
向善的法門，真能提高心性嗎？那麼實際上提高了多少？而
最能快速有效大幅提高心性的又是哪個法門？霍金斯博士的
研究提供了我具體探究這些問題的方法。

◆ 「直接 BK 測試」和「間接 BK 測試」

　　BK 測試是以肩肌抗力強弱來分辨我們所測事物的好壞、
真偽或善惡。為了方便讀者學習這個神奇、重要而實用的方
法，我在本書中刻意將其區分為「直接 BK 測試」和「間接
BK 測試」。

　　•**直接 BK 測試**：測試我們直接看到、聽到、聞到、嘗到、
觸到、想到的事物。

　　•**間接BK測試**：以「口說方式」陳述任何要測試的人事物。

　　凡是「直接測試」所測的人事物，「間接測試」都能測；
但「間接測試」所測的內容，「直接測試」不一定能測。

　　為什麼要這樣區分呢？那是因為直接測試能直接分辨我
們實際上接觸到的具體事物是好是壞，過程單純明確（不是
好就是壞），測出之結果也容易印證是否正確（例如：白砂
糖對人體是有害的、德蕾莎修女是好人、希特勒是壞人……）；

而間接測試過程較為複雜，陳述較不明確，測出之結果也不容易印證是否正確，所以初學者應從「直接測試」入手，俟有十足把握時，再學習間接測試。

戴蒙醫生的研究都是「直接測試」，他主要測試生活中接觸到的事物對身心健康的影響是好是壞，和我們生活直接相關，將在第一部分介紹。而霍金斯博士的研究都是「間接測試」，測試的範圍大大超越了戴蒙醫生的範圍，但有些和我們生活不直接相關，將在第二部分介紹。

我在這個領域裡的創新都屬於「間接測試」，也將在第二部分介紹；而且我的 BK 測試範圍又遠遠超越了霍金斯博士的範圍。

◆ 努力尋找高槓桿解

以較客觀衡量心性好壞的方法找到了之後，最後的問題就是：有更高效提高心性的方法嗎？

聖吉在《第五項修練》中提到了系統思考的高手都會努力尋找動態性複雜系統的高槓桿解，還舉了兩個例子來說明。

第一個例子：幾十萬噸的貨櫃輪如果由前面施力讓它改變前進方向是非常困難的；但是，只要用很小的力量轉動一下後方大舵上的一個小舵，就能夠使大船輕易轉向。最有效

的高槓桿解常是在我們沒有想過的地方，甚至是在反方向。

　　第二個例子：聖吉很喜歡戶外運動，有一年 3 月初他和朋友在美國東北角的緬因州泛舟，遇到前方的一個瀑布時，他們就上岸，頂著獨木舟走到下游。這時，後方團隊有一個人喝了點酒，大膽的要直接衝下瀑布，大家都喊著叫他不要衝，因為冰雪剛剛融化，河水非常寒冷，萬一翻船沒有人敢下水救他。他說「夏天我們都敢衝，為什麼現在不敢衝」，結果衝下瀑布時翻船了。他奮力掙扎想努力游向岸邊但被瀑布旁的一個漩渦吸住，最後力竭而亡，屍體被吸進漩渦。沒想到 5 秒鐘後，他的屍體在下游出現。如果當時他放棄掙扎任憑漩渦吸入，5 秒鐘後就能脫困。真沒想到最有效的高槓桿解竟然藏在最難以置信的地方，在他最想要避開的地方。

　　一旦找到高槓桿解，就能奇蹟般的解決問題。但問題是，高槓桿解常常是隱藏在反方向或最難以置信的地方，怎麼辦？除非抱著非常開放的心胸，暫時放下自己的觀念，暫緩下結論，抱著「正向懷疑」的態度，才有可能在接觸到奇蹟般的高槓桿解時，不會錯過，不會失之交臂。

　　這些年，我們的研究團隊花了很多心力努力尋找提高心性的高槓桿解，將在第三部分和大家分享。

第一部分　直接 BK 測試

前章提過，BK 測試主要是以「肩肌抗力強弱」來分辨所測
事物之能量正負。戴蒙醫生的研究都是直接 BK 測試，主
要測試生活中接觸到的事物對身心健康的影響是好是壞，
其內容將在第一部分介紹；而霍金斯博士的研究都是間接
BK 測試，將在第二部分介紹。

第一章

「你的身體不會說謊！」

◆ 戴蒙醫生是肩肌抗力測試的先驅

一開始我們完全做不出霍金斯博士在《心靈能量》書中所測出來的結果，因為書中並沒有任何指導「如何做肌肉測試」的圖片，單純只以文字簡要介紹戴蒙醫生《Your Body Doesn't Lie》書中肩肌抗力測試的方法。

由於文字不易描其具體動作及細節，所以我立刻上網訂購了戴蒙醫生的書，以及六卷霍金斯博士做肩肌抗力測試的錄影帶。看了戴蒙醫生書中較詳盡的介紹與照片，以及反覆觀看霍金斯博士的錄影帶，我才清楚肩肌抗力測試實際上是如何進行的。

經過反覆練習，終於有一些結果的測定和書中相同，但也有些不同，甚至測不出來；即使有些相同，但卻很不穩定。我所領導的研究室中有不少博士班、碩士班及大學部的學生，但其中只有少部分願意以開放的態度主動和我一起鑽研這個令人難以置信的方法。我們花了很多很多的時間在失敗中摸

索學習，過程中有些學生中斷了，有些持續相當多年但不能堅持下去，只有極少數和我持續堅持探究到底。本書第二作者蔡安和就是其中最堅持的，他光是精熟這個方法就花了不少時間。

　　雖然我是先接觸到霍金斯博士的《心靈能量》，但是霍金斯博士的研究是在戴蒙醫生之後。這個領域的一些創新發展有其先後歷程，加上戴蒙醫生的研究和我們的日常生活最息息相關，所以本章我想先介紹戴蒙醫生的研究及我們在生活方面的一些測試，後面的章節再介紹霍金斯博士的研究。

　　《Your Body Doesn't Lie》是 1979 年出版的，作者戴蒙醫生是位精神科醫生，也是國際預防醫學學會會長。他的研究重點是：如何透過肩肌抗力測試來分辨生活中所接觸到的人事物或自己的姿勢、情緒、態度、心理壓力、表情、念頭等，其對於身體免疫力有益或有害。

◆ 什麼是 AK ?

　　在介紹戴蒙醫生之前，我要先介紹引領他進入肩肌抗力測試領域的喬治‧古德哈特醫生 —— 一位脊骨神經及自然療法醫生。

　　1950 年代，他和一些研究人員發現：每一部位大塊肌肉

的強弱都與身體特定對應器官的健康和病理狀態有關；由任一特定肌肉的變弱，可以指出其對應器官當下的問題，同時，透過方法增強那個部位的肌肉，則可改善所對應器官的病理狀態。

經過十多年的研究與應用，並結合脊骨神經醫學方面的治療方法，1970 年代初期，古德哈特醫生發展出「應用肌肉運動學」（Applied Kinesiology，簡稱 AK）這個領域，他們主要的工作是治療身體疾病。

在此需要事先說明的是，由於本書並非學術專書，有些時間或資訊，我是由他們書中字裡行間的意思大概推論出來的，如果與實際稍有出入，尚請讀者見諒。

◆ 把食品放到舌頭上做測試

戴蒙醫生先是專攻精神醫學的，後來涉入預防醫學領域。胸腺（位於心窩處）這個負責免疫力荷爾蒙分泌的重要器官，是在 1950 年代才被醫學界發現。強壯的人免疫力強，胸腺壯大；衰弱的人免疫力弱，胸腺萎縮。而胸腺對應的肌肉是肩三角肌。研究發現，如果把代糖（人工甘味劑）放到舌頭上，每一個受測者的肩肌抗力都會變弱，這表示：代糖會降低我們的免疫力。預防醫學的研究也發現，代糖確實是會降低人

體免疫力；而白砂糖、精白米、白吐司等這類經過人工加工
過程的食品，也都會如此。

◆ 把東西放在心窩做測試

戴蒙醫生是位創造力極高的人。在肌肉測試方法上，預防
醫學研究人員發現：如果把代糖等上述那些東西放在胸腺的部
位，也就是心窩的地方，受測者肩三角肌的抗力也會變弱。

◆ 身心接觸的任何事物都能做測試

戴蒙醫生還發現，不只是嘴裡含的、胸腺放的，連眼睛
看的、耳朵聽的、鼻子聞的、腦袋想的、頭上戴的，都會影
響肩三角肌的抗力。

在後面的章節中，我們都會一一介紹。

◆ 由 AK 到 BK：擴大到生活的每一個層面

如此一來，戴蒙醫生測試的內容也就全方位擴大了，擴
大到我們生活的每一個層面，應用範圍包羅萬象。也就是說，
我們生活中接觸到的許多人事物，都可以用肩肌抗力測試來
分辨其對我們免疫力的影響是好是壞。這是何等重要而巨大
的研究發現，與古德哈特醫生的應用肌肉運動學（AK）大大

的不同，於是戴蒙醫生將他所開啓的這個領域命名爲「行爲肌肉運動學」（BK），在這方面所做的肩肌抗力測試，稱之爲 BK 測試（BK testing）。我與研究室成員之間也常用 BK 測試這個名稱，而不是肌肉測試。

其實肌肉測試有不同形式，「O 環測試」也是常見的一種。我的一位博士生的姑姑是台大醫院小兒科主治醫師，曾爲他妹妹用一種從印度學來的肌肉測試方法測過敏原，是躺著壓抬起來的大腿進行測試。

BK 測試「施測者」壓「受測者」的手臂以檢測肩三角肌的抗力，因爲它對應的是與生命能量／免疫力／抵抗力最相關的胸腺。而且手臂的力臂較長，施力較容易。所以戴蒙醫生建議最好用手臂來進行測試。

我後來在網路上買到了一本戴蒙醫生最初出版的書，書名就叫《BK》，內容和《Your Body Doesn't Lie》一模一樣，才知道他是後來改了書名，改成一個讓一般人更容易看得懂的書名。

◆ 該由哪部分開始練習？

各位讀者如果想學習 BK 測試，我建議由第一部分各章所舉的例子開始練習，測試像白砂糖、黃砂糖這類生活中常

接觸到的具體東西,是較初階的測試,只是單純用肩肌抗力強弱來分辨這些東西的好壞。

測試時,「受測者」的一隻手拿糖包並放近於胸口,另一隻手平舉被「施測者」按壓即可。請參看後方附錄一的照片及附錄二的示範教學影片。

就像水結晶一樣,正能量不會破壞水結晶正常的六角形結構,而負能量就會。同樣的,如果 BK 測的是正能量,肩三角肌就會反應出正常的抵抗力;如果測的是負能量,肩三角肌的抗力就會減弱,使它鎖不緊而無法抵抗壓力。所以在學習的時候,主要是體會測負能量事物時,肩肌是如何鎖不緊的。各位讀者不妨找人練習測測看肩肌鎖不緊是什麼樣的感覺,拿捏你的力道來體驗那種感覺。

千萬要記得,你壓手的目的不是為了壓倒對方,而是去感受肩肌鎖緊了沒有。

第二部分介紹的是較進階的測試,除了量化測出意識能量水平(conscious energy level)的要求較精準外,對於所要測試的陳述內容該如何精確的表述,也是最難掌握的部分。大家要等到第一部分的測試都能精熟之後,再練習第二部分的測試。

第二章

讓肌肉告訴你吃什麼才健康

看了本章的標題，你可能會想：肌肉怎麼能告訴我吃什
麼才健康？本章的內容將使你瞭解，現代醫學對食安問題實
在缺乏有效的防治之道。

◆ 世界各國的食安策略都是消極防治，根本無法積極
   預防

2011 年在台灣爆發塑化劑事件期間，我在報上讀到一篇
留學德國的博士生寫的文章，才知道台灣目前食品安全檢驗
項目大約三百項，而德國食品安全檢驗項目大約一萬五千多
項，但德國仍發生豆芽含出血性大腸桿菌，導致二十多人死
亡、六百多人感染併發症（溶血性尿毒症）的重大事件。

即使是目前最先進的科技、儀器，亦未能測知有害物正
在傷害我們的健康，該如何是好呢？

目前世界各國的食安策略都是消極防治，也就是當政府
衛生部門公布了某種食品有食安問題，人民才知道什麼不該

吃，這時已經吃了那種有問題的食物許多年了，根本無法積極預防。

還有一個很困擾的事：網路上總是流傳一大堆假消息，其中有不少是食安方面的，令人真假難辨。

由於 BK 測試能立刻明確測知好壞、真偽，所以我認為這麼實用的方法實在值得大家花些時間學習。

◆ 關於生命能量

戴蒙醫生的研究主要和健康有關。他常使用生命能量（life energy）一詞代表人體的免疫力／抵抗力。他表示，生命能量就是中國人所講的「氣」。

在食物方面，他非常強調自然食物對生命能量的重要性，任何經過人工處理加入人工添加劑的食物都會降低我們的生命能量，因為那會使食物本身的生命能量降低。例如：使用農藥的蔬果，BK 測試就弱。

我每次演講都會一再強調，任何添加精白糖（白砂糖）的食品或飲料都會降低生命能量，無糖可樂或健怡可樂更糟，因為加了更會降低生命能量的代糖（人工甘味劑）。喝咖啡時不要加白砂糖或奶精，可加黃（紅）砂糖、冰糖或鮮奶。

此外，我們的研究也發現：精白米煮的白米飯和白吐司

也都會降低生命能量，大家最好改食糙米飯和全麥吐司。坊間也有「少吃三白」之說。

問題食物太多，防不勝防，建議大家最好花些時間學會BK 測試自己檢測。

◆ 準確測出運動飲料含塑化劑

2011 年 5 月底，台灣爆發食品添加塑化劑的一系列食安事件，那時我應邀至台北某企業領袖協會演講，當天報紙頭版頭條是衛生署食品藥物管理局正在檢驗三家最知名的運動飲料，聽眾要我測一下。測試結果發現，A、B 兩家沒有添加塑化劑，C 有添加。第二天，報紙公布的檢驗結果和我測的一樣。

關於這類測試，我和研究生們經常做，答案都是很明確的。

所以從事食品業的讀者，不妨考慮用 BK 對自己的一些產品先做些測試，作為參考。

◆ 有機蔬果真的安全嗎？

其實，BK 測試的價值遠遠超過上述這類測試。

我有次去岡山秀傳醫院演講，有位來賓拿小番茄叫我測，結果是負的。她說不可能，因為這是她自己種的，沒有用任

何農藥;再測還是負的。後來她說,附近有人噴農藥,應該
會飄過來。

　　還有一次我去台東大學演講,有一個人帶了自己種的米
來請我測試,結果測出來的能量是負的。他說怎麼可能?原
來他是台北人,有一次來到台東,就愛上了這個好山好水的
地方,於是就投資了好幾億在這裡種有機稻米。也是同樣的
問題,其他地方噴灑的農藥經過風雨來到他的田裡。

　　當然我也測到完全是正能量的有機蔬果,但是只要稍微
有一點點農藥,BK 就能檢測出來。

◆ 測試的「環境」一定要注意

　　有一次去台南演講,我提前到達會場,現場人員已經將
蔬果放在桌上讓我先測試。從有機專賣店買的放一邊,從傳
統市場買的放另一邊,結果這兩邊的蔬果測出來都是正能量
的,我覺得很奇怪。

　　經過研究之後,覺得可能是現場播放的音樂能量太正,
影響了測試結果,就請工作人員把音樂關一下,結果傳統市
場買來的蔬果測出很多都是負的。

　　有一次我與蔡安和在一間餐廳裡進行 BK 測試,測出的
結果和我們從前測的不一樣。後來發現餐廳裡播放的是某種

流行音樂，離開餐廳後再進行測試，就都正常了。

所以務必保持現場安靜，以利正常測試。

◆ 微波過的食物要小心

經過微波過的食物，我們測出來的都是負能量；直接測微波爐這項電器設備，也是負能量。

大概是三、四年前，香港電視曾經報導瑞士洛桑醫學中心已有研究發現，微波後的食品對身體有不良的影響。通常這類研究要等主流醫學證實都是很多年以後的事，等正式公布後而我們得知時已誤食多年。

生命能量降低要過一些時日才會在身體健康上顯現出來，常常為時已晚，以上資訊不妨參考一下。

◆ 最常使用的是以「陳述」方式進行測試

除了將食品含在口中和放在心窩處的測試方式之外，用「看著食品」和「陳述食品」的方式也可進行測試。我們最常用的就是陳述，因為它測試的範圍最廣、最方便，但它也是最不容易精確掌握的測試方式。陳述內容如果不夠精確，就會產生奇怪的結果，但是又不知該如何陳述精確的內容。後面，我們會舉實例說明。

上述的微波爐測試就可以採用陳述方式說：「測微波爐」，也可以看著實體的微波爐測試，或者看著微波爐的照片進行測試。

如果是測微波過的食品，可以看著實物或只看照片，也可以說：「測某某微波過的食品」進行測試。

◆ 影響身體能量水平是加分、扣分的觀念

這些負能量的東西偶爾接觸是無所謂的，因為影響身體能量水平是「加分」「扣分」的觀念，接觸一次負能量就只扣一些些的「分數」，但長期接觸，或是生命能量本身已經很低的人就會受害。盡量還是少接觸負能量、多接觸正能量。

◆ 紅茶與綠茶的測試：概括性陳述可能測出錯誤結果

如果我們說「測紅茶」，結果會是負能量；如果我們說「測綠茶」，結果會是正能量。也就是說，如果我們是用概括性的陳述，測出的就會是概括性的結果。

一般而言，紅茶是負能量，綠茶是正能量；但有些紅茶是正能量，有些綠茶反而是負能量。

例如，如果我們說「測阿薩姆紅茶」，結果會是正的，但這只表示阿薩姆紅茶一般是正能量。

如果我拿一包某一品牌的阿薩姆紅茶進行測試，結果可能是正的，也可能是負的；有可能是因為此一品牌的阿薩姆紅茶是負能量，也可能因為這包阿薩姆紅茶有受到一些外在因素影響而變成負的。

有一陣子我的褲子口袋裡經常放一包白砂糖，碰到對 BK 測試有興趣的人，就請他把白砂糖包放在胸口測試一下，他的肩肌立刻鎖不緊。有一次，測這包白砂糖居然是正的，才發現它放在我這個正能量很高的人身上久了，被我影響而成為正的。

◆ 所有基因改造食物對身體都有害

當我陳述：「測基因改造的食物」，結果是 no，指的是：一般而言，基因改造的食物對身體有害。那麼，是不是和紅茶、綠茶的測試也一樣，有些基改食物是正能量，有些則是負能量的呢？

所以，我們進一步陳述：「所有基因改造的食物對身體都有害」，結果是 yes。那麼這就和紅茶、綠茶的測試不太一樣了，不只「大部分的」基改食物對身體有害，而是「所有的」基改食物都對身體都有害。

所以 BK 測試的陳述要非常仔細周全，尤其是重要的測

試更要反覆測定。

◆ 豆腐乳及韓國泡菜

　　還記得我讀初中時起，就常在報紙上讀到有關豆腐乳對身體是好是壞的報導，專家一下說不好，過些年又說好。專家說法變來變去這類例子還真不少，像少吃蛋黃以免膽固醇過高等。

　　我印象中近些年來好久都沒看過豆腐乳不好的報導，於是我就用 BK 測測豆腐乳。當我陳述：「測豆腐乳」，結果竟然是 no，也就是說「平均而言，豆腐乳對身體是不好的」，這真讓我驚訝。接著，我再陳述：「所有豆腐乳對身體都有害」，結果也是 no，也就是說「有些豆腐乳是好的，有些是不好的」。

　　還有一個方式就像測紅茶、綠茶一樣，針對不同豆腐乳品牌個別測試。後來我陳述：「所有依古法製造的豆腐乳對身體都是好的」，yes。再進一步測試，發現原來現在市場上不少豆腐乳用的都是基改黃豆或製造過程有人工添加物，那些都是對身體不好的。

　　最近看到電視報導，韓國有一個地方製造泡菜最有名，報導中還提到，據專家研究韓國泡菜對身體健康非常有益。

我便用 BK 測測韓國泡菜，結果和上述測豆腐乳時一模一樣，只有在我陳述：「所有依古法製造的韓國泡菜對身體都是好的」才是 yes。再進一步測試，原來現在不少的韓國泡菜材料或製程有問題，因而對身體不好。

所以用 BK 測試檢驗專家們的說法還是有必要的。

◆ 還要測試有沒有超標

食物只要含有些微有害物質，BK 都能測試出來，但這不表示吃了就會達到對身體有害的程度。

有一天在我們家客廳，正在看手機的內人馬黛說，網路上有個新聞表示，某個大賣場賣的酪梨檢驗出一種重金屬成分，足以致癌；我們前兩天才在那裡買了酪梨，不知道有沒有含重金屬？我就說，用 BK 測試一下就知道了。結果確實含有重金屬。我說，那就退貨或丟掉好了，她看著手機接著說，要超標才會致癌。我接著測試，結果沒有超標，於是就沒有去退貨。

這個邏輯很重要。我們用 BK 檢驗食物的時候，不能只測是否含某種有害物質，還要測有沒有超標、有沒有超過影響我們健康的標準。

如果更進一步測試，對不同的人影響也是不同的；對某

人的健康會有影響，對另一人並不一定會有影響，請繼續看下去。

◆ 修煉人的免疫力較高

下面這種情況只有用陳述的方式才能測出來。例如，白砂糖會降低一般人的免疫力，我知道有些修煉的人抵抗力較高，所以我就陳述：「白砂糖會降低某人（是個修煉的人）的免疫力」，結果是否定的。

戴蒙醫生也認為，當一個人的生命能量越高時，負面能量的影響就越小。

有些修煉高層次法門的人正能量非常非常高，接觸區區負能量是無所謂的。這也顯示，修煉高層次法門不只是根本解，而且是系統思考高手夢寐以求的「高槓桿解」。

◆ 遙測香蕉

如果我們在量販店，可以看著香蕉測試，但通常在現場這樣做會顯得怪怪的，所以可以在家中用陳述遙測說：「測某某量販店的香蕉」。

在高雄我經常去的量販店有兩家，其中一家的香蕉測出來是正的，另一家是負的，所以我總是買正的那家。我倒無

所謂，因為我是修煉高層次法門的人，但我的家人不修煉，總要為他（她）們的健康著想。

◆ 無籽葡萄是負能量的

戴蒙醫生有一項特別的測試，對象是「無籽葡萄」。

我想大家一定都吃過，多方便啊。他測試的結果是：無籽葡萄是負能量的，無論它是紅葡萄還是綠葡萄，或是任何品種，所有無籽葡萄測試出的能量都是負的。當然有籽葡萄中也有負的，施過農藥就是負的；但是，所有的無籽葡萄都是負的。

為什麼會這樣？戴蒙醫生認為，大概這種基因改造工程把生命的種籽除掉了，所以會降低生命能量。

其它像無籽西瓜也一樣，大家參考一下。

再次強調一遍，這些負能量的東西偶爾接觸是無所謂的，因為影響身體能量水平是「加分」「扣分」的觀念，接觸一次負能量就只扣一些些「分數」，但長期接觸，或是本身生命能量已經很低的人就會受害。

◆ 不要再吃生魚片了

日本人的平均壽命在全世界是最高的，日本人的健康狀

態也是全世界最佳的，可是爲什麼日本人的胃癌罹患率卻是全世界最高的？我覺得太奇怪了，就上網搜尋了一下。發現醫學界認爲有三種原因導致這個結果：一是日本人吃的太鹹，二是愛吃醃製食物，三是吃了冰箱隔夜的食物。

我用 BK 測試，陳述是：「日本人胃癌罹患率是全世界最高，那是因爲○○○（以上三個原因之一）」，結果都是否定的。

我就開始思考：和別的民族相比，日本人最愛吃哪些食物？當我的陳述是：「日本人胃癌罹患率是全世界最高，那是因爲吃生魚片」，結果是肯定的。我相信主流醫學界終將發現這個原因。

我們進一步測試，發現不只是生魚片，吃生的牛肉也對身體不好，最好吃全熟的肉類。攸關可怕的癌症，大家愼重的參考一下。

◆ 何謂真正的科學精神？

多年來持續被一些權威醫學機構認爲不利於心臟的豬油，之前被 BBC 及英國每日新聞評比爲十大最有營養的食物之一，能降低心臟病和中風的風險。諸如此類的例子屢見不鮮。

不只醫學界，科學界也是如此。

　　不少科學家也認為科學理論在被證明的同時，也在等待著被推翻，著名的量子物理學家大衛・波姆就是其中之一，他曾直言年輕時本以為科學能找到真相，後來卻發現科學只是在用一套所謂科學的方法追求真相，而不是找到真相，這令他頗為失望。他後來不再只是鑽研最擅長的量子物理，而是轉為專注於人類更重大的一些問題，開創了「深度滙談」領域——協助人們以勇敢、真誠而開放的對話，化解群體間長期的衝突對立，進而攜手共創未來。

　　BK 則不像現代科學或醫學那樣，它反覆測試結果只有一個，因為真相只有一個。

　　以主流科學的標準來看，BK 測試是一種「不科學」的方法，但不科學並不一定是搞迷信，而應該是說還不能用「現有的科學理論或方法」來解釋。科學是追求真相的，但這並不表示它是唯一追求真相的方法；有些方法甚至比科學更能追求真相，我認為本書所介紹的方法就是其中之一，而且它的客觀性、重複性和普遍性都高得驚人。

　　由於 BK 測真相時的客觀性、重複性和普遍性高得驚人，它挑戰所有的科學理論、信仰、意識形態、觀念、歷史記載、藝術偏好……宇宙大爆炸理論是對的嗎？宇宙真正的起源為何？進化論正確嗎？人類真正的起源是什麼？有沒有神？有

靈魂嗎？有鬼嗎？有輪迴嗎？有沒有前世？有外星人嗎？麥田圈到底是怎麼回事？重金屬音樂是好是壞？由於你的主觀意識完全無法影響測試結果，所以測試上述這些問句的結果只有一個，因為真相只有一個，有就是有，沒有就是沒有。測試結果很可能和你的主觀想法完全相反，所以它會挑戰我們根深柢固的觀念、信念，甚至信仰。這時我們是像鴕鳥般的迴避呢？還是面對結果時不會被既有的觀念、信念或信仰束縛，勇敢追求真相？

　　有些人就是不相信這種測試結果。是認為我們做假？認為施測者與受測者串通作弊？還是不相信這種現象？那麼請問為什麼會有這種現象？誠實的回答就是「不知道」。科學研究是在嘗試解釋現象，現象是不能隨意否定的。著名的科學家錢學森還將這種「研究目前科學還無法解釋的現象」的科學名之為「現象科學」。我覺得這種不以已知驟下結論否定未知，然後保持好奇開放的態度來探討未知，才是真正具有科學精神的人。

第三章

看什麼竟然也會影響健康！

　　看了本章的標題，可能又有很多讀者會想：看什麼和身體健康有啥關係？讀完本章後，一定令你大開眼界。因為看什麼對健康影響太大了。

　　戴蒙醫生的研究對於佛家講的眼、耳、鼻、舌、身、意六識中的眼、耳、舌、意著墨較多，進行了相關的 BK 測試。舌識和吃的食物有關，在上一章我們已經做了介紹，而本章將介紹和「眼識」相關的有趣且重要的測試。

　　戴蒙醫生認為我們看到的東西會影響我們的生命能量，也就是抵抗力或免疫力。但是主流醫學對這方面的瞭解非常有限。

◆ 「笑臉」和「狗搖尾巴」都是正能量

　　眼睛看著笑臉，會測出正能量；眼睛看著哭喪的臉，會測出負能量。所以希望大家笑口常開，如此周遭看到你的人就會提升生命能量。

有意思的是，光是看著像嘴形向上翹的曲線就會測出正能量。所以，開開心心的笑，不只自己受益，也讓看到你的人受益。

狗開心的時候會搖尾巴，霍金斯博士也測出很高的正能量，所以看狗搖尾巴也會受益。

◆ 初學者要不斷練習測德蕾莎修女 vs 希特勒

之前提到，看著德蕾莎修女的照片，會測出正能量；看著希特勒的照片，會測出負能量。我們當初學會 BK 測試時，就立刻測這兩人的照片，發現測試結果一致就非常興奮。

各位讀者也可以看著下方德蕾莎修女或希特勒的照片練習。找一個固定的學習夥伴，要他（她）看著這兩張照片，一直反覆練習到能夠非常穩定的「在看著德蕾莎修女時會測出正能量，在看著希特勒時會測出負能量」時為止。

然後再換其他受測者進行這項測試，拿捏壓不同受測者手臂時的力度、技巧及過程，以不斷增進自己的體驗及經驗。

德蕾莎修女

◆ 最初檢驗受測者的經典測試

每次演講時我若擔任施測者，同時邀請一位聽眾擔任受測者進行 BK 測試時，所做的第一個測試就是以下內容。

希特勒

我會先說：「測德蕾莎修女。」

然後說：「測希特勒。」

當我說：「測德蕾莎修女」時，受測者的肩肌抗力應該強而有力，而使我壓不下去。如果他在此時抗力不夠強，我就會請他還要再用力一些，直至我覺得他的肩三角肌完全有力鎖緊為止，我會覺得他的手臂像鋼架一樣堅硬。這一方面是檢驗他的肩肌是否正常，另一方面是瞭解我應對他施加多大壓力的上限。我同時會請他稍後一直保持如此的力道。

當我說：「測希特勒」時，受測者的肩肌抗力應減弱，而使我壓得下去。

如果受測者在我說：「測德蕾莎修女」時，始終無法讓我覺得他的手臂像鋼架一樣堅硬，這時我就會放棄和他一起進行測試，而另邀其他人來擔任受測者。這種情況只是偶爾發生，一百次中大概只有一次吧。

◆ 有一種人的測試結果正好相反

有一種人是極其特殊的，當我說：「測德蕾莎修女」時，他的肩肌抗力減弱，而使我壓得下去；但當我說：「測希特勒」時，他的肩肌抗力反而強而有力，使我壓不下去。

這和一般人正好相反。他們對所有測試都正好相反，這麼多年來我也只遇到兩位這樣的人。

◆ 其它特殊抗力反應

這麼多年來，我們也遇到一些特殊的人，他們對 BK 測試的抗力反應與一般人不盡相同。

有一位女同學是「兩道關卡」：當我壓下了「第一道關卡」大約 5 公分左右，再壓下去竟然碰到「第二道關卡」，這才是判斷肩肌鎖緊與否的關鍵。還好她是我的研究生，可以經過長期反覆測試發現此種特殊狀況。

有些人的「指標肌肉（indicator muscle）」與一般人不盡相同。一般人的指標肌肉是肩三角肌，但有些人是腰椎部分的肌肉。當測希特勒時，他的肩肌抗力正常，但腰會突然向被壓的手那邊彎。

有一次有個難得的機緣，我與蔡安和及研究室的夥伴有幸進入高雄市戒治所（戒毒監所）演講，我們經過層層關卡

檢查才得以進去。演講時，我們邀請聽眾推舉一位最強壯的人上臺擔任受測者，一位體壯如牛 180 幾公分的壯漢在眾人的掌聲中上臺。我請安和擔任施測者，當安和測德蕾莎修女時，一點都壓不下去；但當測希特勒時，他整個身體突然垮掉，跌坐在地上。

在一片驚訝聲中，他很不服氣的再度站起來接受測試。他一定在想，安和的體型幾乎比他小兩號，怎麼可能說聲「測希特勒」就把他壯碩的身軀瞬間壓垮？不過，結果還是和剛才一樣，測德蕾莎修女時他紋風不動，但測希特勒時，他整個壯碩的身軀再度突然垮掉，跌坐在地，這時全場響起如雷掌聲。

我們猜想這位壯漢可能整個脊椎的肌肉都是 BK 測試的「指標肌肉」，真是天下之大無奇不有。

◆ 中國面相裡眼睛的下三白

中國相書上有提到：眼睛下三白（眼珠下方有眼白）是不好的面相。你如果不知什麼是下三白，Google「鄭捷」就知道。有趣的是，戴蒙醫生的書上也介紹：如果你看著一幅非常簡單的人臉畫作，他的眼睛是下三白，就會測出負能量。

更有趣的是，如果在眼睛有下三白的臉孔額頭上畫「三

條抬頭紋」，就會測出正能量。戴蒙醫生的解釋是，我們眼球往上看時自然會產生抬頭紋，而眼球往上看會使眼睛看起來像下三白，但事實上，那並不是真正的下三白，所以測出的能量會是正的。

◆ 大都會博物館裡價值 500 萬美金的典藏名畫

　　戴蒙醫生測了一些名畫。有一幅是西班牙畫家維拉斯奎茲為一名貴族畫的肖像，紐約大都會博物館以 500 萬美金購置為典藏畫。但是戴蒙醫生的學生們看著這幅典藏名畫，測出來的能量都是負的；博物館請一位年輕的畫家臨摹了這幅典藏名畫，但學生們看著那幅臨摹畫測出來的能量都是正的。這就非常奇怪了，為什麼會這樣？戴蒙醫生也不知道為什麼，就是這樣的結果。

　　我會在第八章介紹如何用我們發展出的一種創新的陳述方式，就可以解答戴蒙醫生的疑問。

◆ 現代派和當代派畫作

　　有次我應三位紐約畫家之邀到大都會博物館進行測試。在現代派及當代派畫作展覽室進行測試時，發現全部畫作都是負能量，但我不能因此推斷全世界所有現代派和當代派畫

作都是負能量的，只能說，那天我在大都會博物館所測的現代派和當代派畫作都是負能量。

各位讀者精熟後，也可測測看現代派和當代派畫作的能量。

◆ 不真誠的笑容也難逃法眼

戴蒙醫生的書裡有一個非常有趣的測試。他要讀者看著1970 年代有著一頭金色捲髮的美國著名女星法拉法西（Farra Fawcett）的兩張面帶陽光般燦爛笑容的照片進行測試。

我請學生看著第一張照片測試的結果都是正能量，看著另外一張測試的結果卻都是負能量。戴蒙醫生說，如果你用一張小紙片把第二張照片中的嘴巴遮住再測，就會是正能量的。

我們試了，果然如此。為什麼會這樣？戴蒙醫生猜測這是因為法拉法西在第二張照片中的笑容是不真誠的，所以會測出負能量。後來我用第八章中 BK 測試「為什麼」那段（P.110）我們發展出的陳述方式進行探究，也確實是如此。我心想，BK 實在太厲害了，連我們內心狀態真誠與否都難逃其法眼，已超過絕大多數人類眼睛的分辨能力。

◆ 你能分辨這四張照片有什麼不同嗎？

我們也做了類似的實驗，結果也是非常驚人！在本書開頭你已看到我為中山大學修我課的學生施敬尹所拍的照片，如下。

除了手指比著不同的數字之外，她的臉部表情幾乎一模一樣，但如果我們用 BK 看著這些照片做測試，結果卻是：其中有兩張是正能量，有兩張是負能量。你能分辨得出來嗎？我自己是看不出來的，但 BK 能測出來，就像之前提到的，

BK 測試超過絕大多數人類眼睛的分辨能力。

這四張照片中，一張是請她心裡想著敬愛的人，一張是請她想著憎恨的人，一張是請她看著德蕾莎修女的照片，還有一張是請她看著希特勒的照片，她的手比數字以便我們事後可對照當時情況。你能否分辨得出來哪一張照片是對照哪個情況呢？我將在本章結尾公布答案（P.78）。

至於如何看著照片測出每張照片的對應情況，這需要運用第二部分所介紹的「間接 BK 測試」，將在第九章（P.136）予以說明。

◆ 拉斐爾的名畫

有一次我應邀至高雄市美術促進會演講，題目是藝術與能量。演講前，該會理事長藍黃玉鳳女士邀請我與蔡安和到她家先測一些名畫。我們測她非常欣賞的拉斐爾的作品「教皇利奧十世與兩位紅衣主教」，能量卻是負的。

那幅畫中有三個人物，中間是教皇利奧十世，兩邊是兩位著名的紅衣主教。但為什麼是負能量呢？我們研究了一會兒，蔡安和剪了一片便利貼，輪番把三個人物的臉遮起來。當把中間教皇利奧十世的臉遮住時，能量立刻轉正。後來我們 Google 查了一下，原來教皇利奧十世也是賣贖罪券的教宗

之一，是一個負面人物。

◆ 對設計品及廣告提供修正建議

我們也曾測試一些海報。有一張海報是選修我的「創意思考」課程學生正在設計的，測出是負能量，於是我們嘗試把一些部分貼起來。當負面的東西被遮住後，海報的能量立刻轉正，於是就建議設計者修正一下。

電視廣告也一樣。負能量的廣告效果較差，修改成正能量後，效果就較佳，這是霍金斯博士的研究發現。所以，相關產業的讀者不妨對自己的作品進行測試。

◆ 任何符號都蘊含著能量

任何符號都蘊含著能量。我們也測了佛家的卍字元是正能量的，但如果把它立起來尖朝上，就是希特勒使用的納粹標誌。Google「納粹標誌」測的能量就是負的。

◆ 梵谷和畢卡索的負能量作品測試

右頁的名畫都是我們研究室多年來反覆測定為負能量的，請找人練習測測看。再次強調，你壓手的目的不是為了要壓倒對方，而是要感受肩肌是否鎖緊。

我們之所以選這些大名鼎鼎的名畫邀你測試，是因為你很有可能非常欣賞這兩位大畫家，但這不應影響你的測試結果——BK測試的結果不受施測者或受測者主觀意識的影響。

◆ 一種可能的科學解釋

為什麼當我們陳述負面訊息時，BK測試會產生肌肉抗力減弱的現象？最近我讀了一本非常有趣且發人深省的好書，可能提供一些合理的解釋。這本書是細胞生物學家布魯斯·立普頓寫的《信念的力量：新生物學給我們的啟示》，書中說明環境信息對各種細胞的影響。所有細胞都含有蛋白質，其中都有胺基酸，長得像一長串香腸，兩端有正負電。如果兩端各是正電和負電，就會異性相吸，結合成一個圈形。負面的信息會使一端的正電轉為負電，這時兩端都是負電，就會同性相斥，因而使圈形鬆開，有可能在這時肌肉抗力因之減弱。

為什麼負面信息會使胺基酸一端的正電轉為負電？我在

郵票上的畢卡索畫作。

梵谷的畫作「麥田裡的絲柏樹」。

序章曾提到在水結晶研究中發現的一個重點 —— 負面信息會破壞水結晶結構。這些信息似乎不受時間空間的影響，即使它們所蘊含的能量非常微小，但是，負面信息卻能非常明顯的破壞水結晶完整時的六角形結構。那麼，負面信息也應該會使胺基酸一端的正電轉爲負電，進而破壞肌肉細胞的抗力結構。

　　這是我目前唯一看到科學方面對 BK 測試現象的可能合理解釋。我想或許細胞生物學這方面的研究，在未來能爲神奇的 BK 測試反應提供更具體而確切的解釋。

P.73 四張照片對應當時情況的答案：

手指比 1：看著德蕾莎修女的照片。
手指比 2：看著希特勒的照片。
手指比 3：心裡想著憎恨的人。
手指比 4：心裡想著敬愛的人。

第四章

聽什麼才健康？

　　看了本章的標題，你或許會想：聽什麼和健康有關係嗎？
接下來的內容將使你瞭解，關係可大啦！

　　本章將介紹和「耳識」相關的一些測試。戴蒙醫生認為
我們聽到的聲音會影響生命能量，也和眼識一樣，主流醫學
對這方面的瞭解非常有限。

　　目前主流科學界大概只用儀器來檢定「噪音超過多少分
貝會對身體健康有害」這種非常簡單而有限的研究，對於「什
麼樣的音樂對健康有益或有害」的研究非常少。近年來音樂
治療領域剛剛萌芽，希望以後能夠發展成熟以幫助我們瞭解
音樂對於人類身心健康的影響有多大。

◆ 古典音樂的指揮都非常長壽

　　戴蒙醫生首先注意到的是，許多古典音樂的指揮都比較
長壽，他在《*Your Body Doesn't Lie*》書中列舉了 112 位著名
的交響樂團指揮，包括大名鼎鼎的托斯卡尼尼，壽命都很長。

看著他們的照片進行 BK 測試，我們肩肌抗力都會強而有力。

　　戴蒙醫生說他花了四分之一個世紀的時間研究聲音對生命能量的影響，好的聲音能夠提高生命能量，不好的聲音會降低生命能量。即便把耳朵完全塞起來，身體也會感受到並以肩肌抗力分辨出聲音的好壞。

　　我們研究室也花了許多時間測試各種音樂的能量。在第十章中，我還測出一首音樂作品的意識能量水平高得難以置信，而一個世界頂級交響樂團的意識能量水平更是高不可測。蔡安和也做了許多相關研究，近年來舉辦了不少介紹超高正能量音樂的講座。

◆ 搖滾樂有損生命能量

　　在逛百貨公司或購物中心時，戴蒙醫生發現搖滾樂會使肩肌抗力減弱。他找了一百多位學生來進行聽音樂的 BK 測試，平均而言，聽古典音樂時施測的壓力大約 40 ～ 45 磅；而聽大多數的流行音樂，尤其是搖滾樂時，施測的壓力大約 10 ～ 15 磅。他覺得這是一個非常嚴重的問題：年輕人長時間聽某些流行音樂其實有損生命能量。他還表示，讀者如果不相信，可以自己聽著這些音樂來做測試。

　　這是戴蒙醫生少數探討人類行為的研究；而霍金斯博士

的研究則多著重於人類行為方面。

我們研究室的學生年紀都很輕，都喜歡流行音樂。BK 測試的結果發現，大多數他們喜歡的流行音樂都是負能量的。

◆ 多數重金屬音樂的能量是負的

霍金斯博士的研究發現，有暴力傾向的饒舌音樂及重金屬音樂能量水平非常低，會提高犯罪率。我的研究室進行測試也發現，貝多芬、莫札特等西方交響樂曲的意識能量水平都非常高；而多數重金屬音樂、饒舌音樂及大部分流行音樂則會減弱肌肉抗力；電腦合成音樂（電子音樂）更是不碰為妙。

我演講時常會播放重金屬音樂，然後邀請喜歡重金屬音樂的年輕聽眾上臺做測試，他們肩肌抗力立刻無力，從無例外。有一次在洛杉磯演講時，上來一位身軀非常壯碩、穿著小背心露出漂亮肌肉的美國青年，一上臺就說他是重金屬音樂的死忠樂迷，他不相信我能壓下他平舉起的右手。我同時播放重金屬音樂，用兩隻手指就輕易把他的手壓了下去，他張大嘴巴說還沒準備好，再來一次。同樣的，我用兩隻手指再度輕易把他的手壓了下去。這回他沒話說了，問他以後還聽不聽重金屬音樂，他說會再認真考慮。

我每次演講時都鄭重建議，選擇聽起來感覺正面、舒緩、

平和的音樂，激情、興奮、強烈與刺激人的音樂基本上都要慎選。

在此也舉例說明古典音樂具有正能量的一個實驗案例：紐西蘭基督城的某購物中心由播放流行音樂改為古典音樂，持續十七個月後，2010 年 10 月該商場的偷竊率較 2008 年 10 月降低了 95%。

江本勝博士的水結晶實驗也顯示，古典音樂可使水結出完美漂亮的結晶；反之，重金屬音樂則導致水結晶無法成形。江本勝博士因此建議：「人體 70% 是水分，人更該時時保持正向與接觸好的事物、聲音和訊息。」

◆ 玩線上遊戲時請把音量降到零

各國近年來常發生隨機殺人案，多數學者專家的研究同時發現，這些凶嫌共通點是沉迷電玩或線上遊戲；是不是他們有樣學樣，把自己當成電玩裡的冷血殺人狂呢？我們研究團隊卻不認為如此，因為透過 BK 測試發現，線上遊戲背景音樂多是電腦合成音樂、電子音樂，長時間聽會使生命能量不斷的被「扣分」而降低（我們同時測了手遊音樂也是如此），當降到某種程度時，人會變得冷血而有隨機殺人的可能。

可不可怕？我每次演講時都會請聽眾回去告訴孩子：「玩

線上遊戲時請把音量降到零。」

◆ 聽古典音樂有很多好處

近年西方學界的多方研究佐證了聽古典音樂有很多好處。

研究發現，它能啟動大腦、改善睡眠、減輕壓力，並增強免疫力。美國生活指南網站 lifehack.org 所歸納的好處包括：

❶ 能使大腦更好的運作。

❷ 可幫助治療失智症。

❸ 可以幫你睡得更好。

❹ 開車時可使你平靜。

❺ 可以幫助減輕疼痛。

❻ 可以幫助你抒發情感。

❼ 可以調節血壓。

❽ 可以促進「健康飲食」。

以上八項，除了第二項外，早在戴蒙醫生的書中已有簡要的介紹。BK 絕大多數的研究總是走在主流科學之前的。

◆ 漢字「藥」是從音樂的「樂」字而來

漢字「藥」不是從快樂的「樂」字而來，而是從音樂的「樂」字而來。在中國傳統文化中，正音雅樂可以陶冶人的

情操，淨化人的心靈，進而使人身心健康。由於許多花草植物也能用來治病，「樂」加草字頭就成了「藥」字。

◆ 多淋浴會提升生命能量

戴蒙醫生認為，流水聲會使肌肉抗力增強，提升生命能量。

1982 年，我在美國維吉尼亞理工大學開始向張炳文先生學習禪坐，他特地到附近的溪流錄流水聲讓我們在禪坐的時候聽，心就很容易靜下來。

在淋浴的時候，戴蒙醫生也曾經進行 BK 測試（他做研究超認真，大概是受測者穿著泳衣泳褲淋浴，同時進行測試），他發現肌肉抗力都非常強。他認為這是因為：❶流水聲使然❷水流刺激身體產生正面效應❸流水產生負離子，這三個因素使得生命能量增強。

◆ 聽貓咪咕嚕聲也會提升生命能量

聽貓在高興時發出的咕嚕聲和聽悅耳的鳥鳴也會使生命能量增強。我們研究室測了許多大自然蟲鳴鳥叫悅耳之聲，全都是正能量。

在下一部分介紹霍金斯博士的研究時，更會讓我們瞭解，現代流行音樂對於人類心理健康危害之鉅。

第五章

怎麼想很重要：情緒與生命能量

心情好壞、情緒起落是心理健康最重要的議題。「是好是壞就看你怎麼想」是《佐賀的超級阿嬤》中，EQ 超高的阿嬤的口頭禪，所以心裡要常常保持正向思考是很重要的。

◆ 想一個憎恨的人 vs 喜愛的人

人類的「想法」對生命能量影響很大。

如果你想一個憎恨的人，BK 測試就是負的；但如果想一個你喜愛的人，就會是正的。

◆ 舌頂上顎可以瞬間減低壓力

戴蒙醫生曾對他的同事做了一些有趣的實驗。先查找出被實驗的這位醫生不喜歡的一個病人，然後，戴蒙醫生故意叫他的護士告訴他那個病人來電，這個壓力會使他的 BK 測試立刻是負的，雖然他也知道這只是一個刻意安排的實驗。

但如果這位醫生當時舌頂上顎，測試的結果就會轉正，

因為舌頂上顎可以提升免疫力。我知道的許多靜坐或修煉方
法也都強調要舌頂上顎。

戴蒙醫生表示，受到壓力時可以舌頂上顎、讀一首好詩、
大步向前邁進，以及看風景畫來減低壓力。

◆ 捶打胸腺即可瞬間增強免疫力

如果受測者肩肌力量較弱，戴蒙醫生和霍金斯博士都建
議此時可以請他在胸口捶三下，就能增強肩肌力量，但這個
效果在一段時間之後就會減弱，必須再次捶打胸腺。

通常在感冒時，戴蒙醫生也建議可以常捶打胸腺來提升
免疫力或生命能量。

◆ 負面想法與情緒會影響健康

科學研究已經發現，當我們的行為是正向的，諸如讚美、
寬容、勇氣、幽默、尊重、同情、忠誠等，身體就會獲得一
些正能量的反饋——身體會釋放出一種物質，來幫助細胞提
升免疫力。科學研究也發現，甚至一個簡單的動作譬如打從
心底的微笑、幽默的面部表情、友善的態度，都會使唾液中
的細胞蛋白質質量增加，使人更不容易生病，而生活得更加
快樂健康。

　　另一方面，科學研究已證實，負面想法與情緒會使我們的血液分泌毒素。人類的心理狀態會導致生理上的化學變化，憤怒、怨恨、恐懼、忌妒等這些負面情緒，甚或只是負面的想法，都會導致身體內部產生毒素而危害健康。

　　在人類內在心靈抗力日趨下降的同時，外在環境的壓力卻越來越大。已有研究認為，二十一世紀最可怕的疾病是憂鬱症。

◆ 情緒與生命能量

　　戴蒙醫生用 BK 測試測出的負面情緒包括憎恨、忌妒、多疑和害怕等；正面的情緒包括慈悲、愛、信任、勇氣和感恩等。他認為，沒有人能夠一直保持正向思考。但是如果我們有堅強的意志想擁有較多的正面思考，是會有幫助的。

　　戴蒙醫生表示，憎恨和破壞性的思考會大幅降低我們的生命能量，而慈悲和愛等正向思考能夠增加我們的生命能量。一旦 BK 測試讓我們瞭解到這一點，這會增加我們的印象。

　　我們無法防止負面思考的出現，但可以把它轉化成為正面思考。但是，這非常困難。

　　霍金斯博士在這方面的研究更為完整而深入，第二部分會有更詳細的介紹。

◆ 請常保持正向思考

已有許多書籍及網路文章介紹這方面的對策；許多美國著名的大企業都開始流行靜坐、禪修等心靈課程；也有學者預言「心靈經濟」潛力無窮。那麼有沒有如序章中所提到的有效高槓桿解呢？

因為是好是壞就看你怎麼想、怎麼思考，所以，如果我們能常常保持正向思考就好了。

那麼，思考是正向或負向會受什麼因素影響呢？我認為是「觀念」。觀念就像一個座標，若我們的座標偏差了，判斷好壞的標準就會不一樣，所以平時應該多吸收好的觀念。

就正向思考而言，什麼是最好的觀念？我認為即使在負面的情況下還是會產生正向思考，那就是好的觀念。高層次修煉的書中有不少這種好的觀念，多讀這種好書，讓好的觀念漸漸融入我們的大腦，必有助於減少負面想法與情緒的產生。

那麼，在這一類好書中，怎樣才能找到具真正有效高槓桿解的好書呢？在第十一章我會介紹如何找到這種高槓桿解，並幫助我們研究室所有的學生受益——在很短的時間內使身心靈更健康、活得更自在。

第六章

其他與生命能量有關之研究

在生活方面，戴蒙醫生還應用 BK 測試做了許多對身體免疫力／生命能量有害事物的研究。諸如：牙醫脊椎未保持正直的工作姿勢、脊椎未保持正直的騎自行車姿勢、賽車選手騎的自行車、脊椎未保持正直的坐姿、高跟鞋、鐵椅子、尼龍帽、塑膠頭髮飾品、塑膠髮箍、塑膠安全帽、銅質或鐵質項鍊、尼龍胸罩、尼龍內褲、燈光的亮度、日光燈、各種清潔劑的氣味等。這些都是戴蒙醫生耗費了四分之一個世紀的研究心血，非常值得大家重視。

◆ 姿勢與生命能量息息相關

為《*Your Body Doesn't Lie*》寫序的是前國際預防醫學學會會長 Jerome Mittleman 醫生，是位牙醫。他在序言中說，美國牙醫離婚率和自殺率都是醫生中最高的，那是因為牙醫的壓力及焦慮程度都非常高。當他接受戴蒙醫生的建議後，他的壓力及焦慮都大幅降低，生命能量大幅提升，身體也變

得健康許多。

　　Mittleman 醫生說，戴蒙醫生告訴他牙醫因為工作時脊椎長時間彎曲，而導致生命能量下降。所以他就重新設計自己的牙醫設備，使工作時脊椎得以保持正直的姿勢，因而恢復了身心健康。

◆ 使脊椎保持正直非常重要

　　任何長時間使脊椎彎曲的姿勢都是對生命能量有害的。譬如自行車賽車選手都是長時間彎腰，那是對生命能量有害的。

　　霍金斯博士也在書中提到，美國五屆獲得環法自行車大賽冠軍的阿姆斯壯，兩次罹患癌症。我的一位博士生的父親也是每天騎價值新台幣 20 萬元的選手型自行車上下班，後來也罹患癌症。

　　我的研究也發現，如果看著選手型的自行車照片做 BK 測試，結果是負的；如果看著 Ubike 淑女型的自行車照片做 BK 測試，結果是正的。各位讀者不妨實測一下。

　　我在想，BK 真是高明啊，居然能由自行車的形狀預知人類騎它時的後果，而能測其能量正負。

　　這表示任何產品設計、製造、改變或創新時，都可用 BK

測試一下是好是壞，因為它可以預知人類使用時的後果是好是壞。那麼，任何方案、政策、制度是不是也可以用 BK 來測試一下施行後的可能結果是好是壞呢？這個重要的議題有待我們進一步去研究。

◆ 翹二郎腿會降低免疫力

坐的姿勢非常重要，我只要看著一個坐著的人，測他的坐姿就可以知道姿勢正確與否。如果一個人坐的時候脊椎不能保持正直，測試結果就會是負的，直到他調整脊椎到直立時，我的測試才是正的，非常明確。

坐的時候一定要把臀部往椅子後塞，坐到底，身體保持正直，這應該已經是生活常識了，但是卻很少引起人們的重視，我經常看到人們斜坐在椅子上或沙發上。

此外，望著翹二郎腿的人測他的坐姿，肩肌抗力也會立刻減弱。翹二郎腿的坐姿是負的，會降低免疫力。

◆ 鞋跟越高影響越大

高跟鞋對身體健康有害應該已經是常識了，但還是有許多女性穿高跟鞋，尤其是某些公司的要求，或許是因為他們覺得只有些微害處。

　　已有醫學研究認為高跟鞋會影響免疫力，鞋跟越高影響越大。我在做 BK 測試時都要求女性把高跟鞋脫掉才能進行測試。為了健康著想，女性實在應該少穿高跟鞋，有愛心的公司領導階層更不應該要求女性穿高跟鞋。

◆ 少坐鐵椅子

　　戴蒙醫生的研究發現，坐的椅子也很重要。儘可能少坐折疊的鐵椅子，只要你坐在那種椅子上，我用 BK 測試立刻能輕易的把你的手臂壓下去。

◆ 帽子也不能隨便戴

　　帽子也是不能隨便戴的。我演講時常把尼龍帽戴在受測者頭上，受測者的肩肌抗力也會立刻減弱。

　　著名女歌星鳳飛飛因為肺腺癌去世，我們曾經用 BK 的陳述方式（詳見第八章 BK 測試「為什麼」那部分，P.110）測試她得肺腺癌的原因，結果竟然是因為她所戴的帽子。大家知道鳳飛飛是有名的「帽子歌后」，長時間戴著帽子，可能有些材質是尼龍或是有尼龍飾品在上面才導致。

　　很多人喜歡整天戴著棒球帽，如果是棉質的就是正的，但如果是尼龍的就是負的，生命能量／免疫力就會一點一滴

的被「扣分」，時間長了就會逐漸下降。除非他同時也經常接觸會「加分」的正能量，或幸運的接觸到了「極高正能量」。

◆ 安全帽能量測試結果是負的

騎摩托車戴的安全帽，幾乎多是塑膠製的，能量測試結果是負的。

「世界上有正能量的安全帽，台灣也有在賣。」這個陳述的測試是正確的，目前我還在尋找是哪些品牌。

◆ 項鍊也要多留意

項鍊也不能隨便戴，因為它常位於心窩位置，所以影響非常大。

通常金銀或鑽石、翡翠、寶石、玉石之類的貴重項鍊都是正能量，而銅和鐵的飾物就不能戴在胸前。我們常說破銅爛鐵，不知和這有沒有關聯。

◆ 尼龍胸罩、內褲會提高致癌率

一般衣物的質料如果是尼龍的，對健康影響很大。戴蒙醫生發現美國婦女乳癌罹患率逐年增加，經過探究，發現主要是因為婦女穿著尼龍製魔術胸罩所導致。

　　此外，他也發現美國子宮頸癌罹患率逐年增加，也是因為婦女穿著尼龍製內褲造成的。他說美國有很多老年婦女的性生活非常保守，竟也罹患子宮頸癌，怎知會是此原因導致。

　　一定有不少婦女是在乳癌、子宮頸癌末期才發現而失去救治的機會，小小的衣著改變就能預防，卻因為缺乏相關資訊而罹癌，實在太不幸了。這麼重要的資訊，而且是國際預防醫學學會的會長戴蒙醫生在書上發布的資訊，主流醫學界竟然置若罔聞，實在太不負責任了。我在演講時常會介紹此類重要資訊，以為功德。

◆ 糖果鋪的燈光有問題

　　有兩位在同一糖果鋪工作的女士來到戴蒙醫生的診所，兩個人都很容易感到疲倦，而且臀部肥胖。戴蒙醫生詢問了一些問題，發現兩人都是在這幾個月同時產生這種狀態，他感到很好奇。有一天就抽空到她們工作的糖果鋪去看看，發現糖果鋪的燈光特別明亮，就做了 BK 測試，發現那裡的燈光是負的。

　　兩位女士告訴他，老闆覺得燈光明亮些比較會吸引顧客，所以在幾個月前將照明加強了一倍。也就是那個時候起，她們的身體漸漸容易覺得疲憊，臀部也變胖，兩個人都增加了

大約 45 磅左右的體重。

　　於是戴蒙醫生建議她們工作時戴上黑色棉質的大帽子以遮住燈光照射，其中一位女士照做了，另外一位女士沒有照做。幾個月後，照做的這位女士身體恢復了正常，而另一位女士正好成為對照組，身體沒有恢復正常。

　　也多虧戴蒙醫生具有這方面的知識和探究的精神，這種病人要是碰到一般的醫生，怎麼可能為她們找出正確的病因，更別說是提出正確的對策了。

◆ 日光燈也是負能量

　　日光燈也是負能量的，在得知這項事實後，我花錢將研究室和我經常上課教室的燈管全部換成 T5 燈管，因為 T5 的能量是正的。

◆ 氣味與生命能量

　　聞到噁心或難聞的氣味當然對身體不好，這一方面的研究大多都是我們已知的，和工廠排放廢氣有關。有次我在大賣場的塑膠拖鞋區域進行測試，那兒有濃重的塑膠和橡膠氣味，肌肉抗力立刻減弱。

　　化工製的清潔用品也都是負的，無論它的氣味多麼芳香

也不要使用。現在已有許多天然成分的清潔用品問世，可以多做篩選。

◆ 結語

在第一部分的各章中，我們發現在 BK 測試時，嘴裡含的、胸腺放的、眼睛看的、耳朵聽的、鼻子聞的、腦袋想的、頭上戴的若屬於負能量的東西，都會使肩肌抗力立刻減弱或無力。姑不論主流科學目前對此的看法如何，各位讀者只要想一想，如果今天你吃了某個東西，肩肌抗力立刻減弱或無力，你還會再吃那東西嗎？

但你也不必過於擔心，因為 BK 測試是非常敏銳的，即使只有一絲不好的負能量，它都測定為負。也請僅記「加分」「扣分」的觀念：有些人生命能量很高，扣些分影響有限，但有些生命能量不高的人，扣些分就可能出問題了。

在此呼籲主流科學中具有開放心態的科學家們，為了促進人類身心靈健康的福祉，請用心多了解一下 BK 測試。

第二部分　間接 BK 測試

這部分介紹的間接 BK 測試，是用肩肌抗力強弱分辨我們
「陳述」之人事物之好壞、真偽或善惡。「間接 BK 測試」
的應用範圍遠超過「直接 BK 測試」。

霍金斯博士的研究雖然也屬於一種間接 BK 測試，但各位
讀者可由書中我所做的間接 BK 測試裡瞭解，我的應用範
圍大大超越了霍金斯博士的研究範圍。

我將先介紹他的研究，然後再介紹間接 BK 測試許多有趣
及重要的應用。

第七章
霍金斯探究出的人類意識能量水平

　　全球激勵與成長之父韋恩・戴爾博士在霍金斯博士《心靈能量》原文書的封面上寫道：「或許是這十年來我曾經看過的最重要和最有意義的書。」

　　霍金斯博士原以研究人類精神心理為主。他認為萬事萬物皆有其能量，他稱之為意識能量（conscious energy），他最大的貢獻就是用 BK 測試量化測定任何人事物的意識能量水平。

　　他的 BK 測試以陳述為主，主要測陳述的對錯：如果陳述是正確的，抗力就強；如果陳述是錯誤的，抗力就弱。也可測所陳述之人事物的好壞：如果陳述的人事物是好的，抗力就強；如果是壞的，抗力就弱。這部分和戴蒙醫生的 BK 測試相似，戴蒙醫生的測試主要是測好壞，測對身體免疫力的好壞，但是好或壞到什麼程度就不得而知。

　　霍金斯博士就不一樣，能量化測出好壞的程度。用人的身高來打個比方，如果衡量男人的身高只有高和矮這樣一個二分法，而 178 公分是高和矮的分界；身高超過 178 公分就

是高，身高低於 178 公分就是矮。

　　我的身高是 175 公分，就是矮；我兒子楊衡 180 公分，就是高；姚明 229 公分，也是高。但其實我也不算矮，而姚明要比我兒子高很多。如果我們衡量身高而不量化，就無法瞭解其實楊衡和姚明的身高實際上差遠去了。

　　這樣一比方，你或許就更能瞭解霍金斯博士研究的貢獻有多大。

　　行為面相關的因素很多，心理的、言談舉止的、情緒的、個性的、品行的、行為表現的、心性的、決策的、學習的⋯⋯與行為相關的事物也很多，書籍、電影、音樂、圖像、表演、舞蹈⋯⋯所以霍金斯博士探究的領域非常廣泛。

　　霍金斯博士的研究貢獻卓著，我們站在這位巨人的肩膀上勇敢的突破，也有一些創新成果與大家分享。

◆ 首度量化人類意識的經典研究

　　霍金斯博士經過長達二十多年的研究，對數千名受測者進行不下數百萬次的測定，探究出人類的意識能量水平。

　　我曾於 2003 年在台灣《大紀元時報》的前身《大紀元周報》上看到一篇短文介紹霍金斯博士的研究，他發現人類意識的好壞、善惡是可以用客觀標準來衡量的，於是我就立刻

上網訂購了他的大作《心靈能量》原文版。

　　拿到書後我立刻研讀，瞭解了本書的主要內容。他的研究發現：誠實、正直、道德勇氣、信任、溫和、善良、同情、助人、接納、理性、尊敬、愛、無條件的愛、樂觀、諒解、寬容、寧靜、內生喜悅、祥和、慈悲等，能提高身體中粒子的振動頻率，對身心有益；下流的邪念、惡念、殘忍、羞恥感、罪惡感、憎恨、冷漠、悲傷、恐懼、欲求、自私的愛、憤怒、疑心、匹夫之勇、驕傲等，會降低身體中粒子的振動頻率，對身心有害。

　　更驚人的是，這些能量水平都可以量化。在以 10 為底數的對數（log）值從 1 到 1000 的尺度中，200 以下是負能量，是自私的，200 及以上是正能量，是利他的，可詳見下頁圖表，需要說明一下的是，這張圖表是我綜合霍金斯博士幾本著作的資料，以及我們的一些研究所呈現出的結果。

　　霍金斯博士進一步指出，人類缺乏分辨真假、好壞、善惡的能力。智識不但缺乏辨識虛假錯誤的能力，而且即使有辨識能力，也十分缺乏防衛自己的必要力量。他認為經常練習書中簡單的技巧，就能培養增長這種分辨能力，不再被虛假不實且有害的人事物欺騙、危害。

❖意識能量地圖

能量水平	情緒
1000 ～無限大	Divine、神、具有神性的
900+	博愛、圓融的智慧、內在祥和、清靜、喜悅
800	長期在逆境中堅忍不拔
799	自在
700+	寬容
600	和平、寧靜祥和
570	慈善
540	無條件的愛
500	愛、喜悅、平靜、整體的智慧
400+	聰明、理性
350	平等心、開闊接納
310	樂觀、助人、意願
250	隨和
200	誠實、真實、正直、道德勇氣
175	傲慢、輕蔑、匹夫之勇
160	疑心
155	懊悔
150	憤怒、怨恨
125	欲望、上癮、自私的愛
100	害怕、焦慮
75	長期憂傷、沮喪
50	冷漠、絕望、憎恨
38	貪婪
30	自卑、罪惡感、殺人
20	極度退縮、羞辱人格、殘忍、連續殺人犯
1	邪靈、附體、有害的細菌

❖ 以意識能量廣泛探討人類社會、行為與靈性議題

霍金斯博士書中討論的問題非常廣泛。他以所測出的意識能量水平，結合非線性動力學和量子物理理論，以及他在精神醫學及靈性修爲的基礎，針對哲學、科學、教育、法律、社會、政治、政府、民主、愛國主義、自由、自主、企業、廣告、產品品質、心理學、超心理學、意識、憂鬱症、自助匿名會、信念系統、性格、醫療、藥品、營養、健康與疾病、流行音樂、藝術、藝術創作、天才、天賦、眞理、宗教、神學、神性、靈性、靈修、靈性的躍升、開悟、電視節目、體育、成功、貧窮、小我／大我、青少年身心問題、毒品、酒癮等問題，深入探討問題癥結，直言對現代主流思潮的批判並提出他的個人見解。其中有不少洞見深具啓發性，對人類負面心性與行爲方面的分析尤爲鞭辟入裡。

❖ 如何測出意識能量水平的數值？

有些讀者可能會像我一樣，非常好奇霍金斯博士是怎麼測出意識能量水平的。我猜想他首先是發現了 BK 測試可以測出陳述的對錯，如果陳述是正確的，那是正面的，肌肉抗力應該強而有力；如果陳述是錯的，那是負面的，肌肉抗力應該減弱。所以我們可以用陳述來瞭解一些事情的眞相，而

霍金斯博士將他的研究專注於用 BK 的方法測出意識的能量
水平方面。

　　就物理學來講，任何東西都是有能量振動的，也就是有
其實質的振動頻率，有些是振動頻率較高的，有些則是較低
的。那麼我們應該可以用 BK 測出那些振動頻率有多少。如
果以身高來說，每一個人都有身高，所以用 BK 的方法應該
可以測出我的身高、你的身高、姚明的身高。

　　接下來是單位的問題。如果我隨意取一個名稱叫「公
碩」，然後定義一「公碩」等於兩公分，那麼 180 公分的楊
衡用 BK 來測應該是 90「公碩」，姚明 229 公分是 114.5「公
碩」。所以霍金斯博士也可以定義某種適合衡量振動頻率的
單位，然後用 BK 來測定某種行為的意識能量水平是多少。

　　再接下來是定義參考座標尺度的問題。在霍金斯博士的
書中，他用了以 10 為底數的 log 對數值，以從 1 到 1000 的尺
度來衡量人類意識能量水平。他為什麼選定這個尺度？對我
來說，這又是一個疑問。我相信有些讀者也會有同樣的疑問。

　　我也買了他的研究論文來研讀，也沒說明。我依照他書
上提供的 email 寫信給他，也只能寄到出版社，始終得不到他
的回應。

　　後來我自己找到了答案。

　　如果我們定義的尺度是以 10 為底數的 log 值，從 1 到 1000，就會測出和霍金斯博士書中相同的結果，例如無條件的愛是 540。如果換個方式，以 100 為底數的 log 對數值來定義從 1 到 1000 的尺度，就會測出無條件的愛是 270。當然，這時的 500 就相當於以 10 為底的 1000 了，而這時的 1000 就比以 10 為底的 1000 要大不知多少億兆倍了。

　　簡言之，霍金斯博士是經過不斷調整發現，以 10 為底數的 log 對數值，從 1 到 1000 的尺度最適合用來衡量人類意識能量的水平，所以他就用這個尺度來代表在另外空間意識的能量實質的振動頻率。因為只是用來代表的，不是實質的，所以沒有單位。

　　我們在演講中做測試時都會先陳述霍金斯博士這個參考座標尺度，然後再進行測試。我們會說：「依據霍金斯博士的意識能量水平，從 1 到 1000 的尺度，200 代表誠實、正直、勇敢，○○○的能量水平超過 200。」然後測試 yes／no。

◆ 彙整一些可修身參照之正能量心性

　　多年來我做了成千上萬的測試，發現除了測真的、好的、善的是正能量，還有許多其他心性行為也能測出是正能量。遂試著彙整一些能做為我自己修身參照者，其中包括：霍金

斯博士測出來是正向能量者、我測出來是正向能量者、日本經營之聖稻盛和夫等人在書中測到是正向能量者，粗分成三類如下，讓我們對各種水平、層次的正向能量者多些廣泛的認識，也體認「眞善忍」（而不是一般所說的「眞善美」，想想看如果缺了「忍」這一類是多麼大的缺憾）是放之四海而皆準的普世價值。

　　第一類：眞，心很純，純眞，眞的，正確的，正的，正直，正派，心誠意正，眞心，眞情，眞性情，誠實，眞相，高層次的眞相，更高層次的眞相，更接近眞理的眞相，眞理，修眞養性，說眞話，辦眞事，做眞人，返本歸眞，眞誠，不虛假，不誇大，言行合一，不掩蓋過錯，守信，重義，忠，忠誠，忠實可靠，負責任，內省，不歸罪於外，求眞的精神，老實，不投機取巧，不巧言令色，不鄉愿，光明磊落，不背後詆毀，不抹黑造謠，有理想，理想的，理性，理智，智慧，正統藝術文化，倫理，禮貌，平等心，平衡，有序，天然的，有機的，開放，不做作，沒有心機，赤子之心，天眞，好奇，好學，「正向懷疑」（對於玄奧超常、難以置信之事，自然會心生懷疑，但不止於懷疑，而以求眞精神實驗求證），幽默，風趣，開心。

　　第二類：善，心很好，好的，善的，慈悲，仁，仁愛，有愛心，無條件的愛，憐憫心，利他，不自私，無私無我，

先他後我，為人著想，同理心，尊重，尊敬，孝順，肯定，欣賞，看人優點，感謝，感恩，慷慨，主動積極，熱忱，樂於助人，友善，口不出惡言，平和，祥和，溫暖，保護，支持，正向思考。

第三類：忍，心很大，心胸寬大，忍耐，耐性，吃苦，能吃苦中之苦，忍辱，有大忍之心，打不還手、罵不還口，不怨不恨、不記不報，在逆境中堅忍不拔，樂觀，退一步海闊天空，寬容，寬廣，恕，寬恕，包容，有緩衝餘地，有彈性，隨和，不用頂勁，圓融，緩慢圓，從容，冷靜，靜定，自在，勇敢，有道德勇氣，義氣，不計較，不爭鬥，不生氣，在對方說著難聽的話刺激你的時候還能不動心的慈悲對待，吃多大虧都樂呵呵的，難忍能忍、難行能行，不妒嫉，不驕傲，謙虛，不顯示，不執著，看淡名利情，不強求，隨其自然。

BK 測試以上所列「真、善、忍」各種層次的心性行為都是意識能量水平 200 以上的正能量，而那些 200 以下的「不真、不善、不忍」的心性行為就不在此列舉了。仔細想想，一個「不真、不善、不忍」的世界會是什麼樣子？所以這個世界確實需要「真、善、忍」！

第八章

用意識能量地圖做測試及創新

　　當我們的研究團隊學會了用意識能量地圖進行測試之後，我們首先做的是對德蕾莎修女和希特勒進行測試，因為我們希望驗證一下這個結果能否和江本勝水結晶研究的結果一致。

　　後來我們也運用 BK 做了許多方面的測試與創新，這些會在後面的章節中陸續介紹。

　　再度強調，用霍金斯博士的意識能量地圖進行 BK 測試難度較高，初學者常測不準。即使是熟練者也有可能因某些外在條件不合而測不準，我有時也會因陳述不夠精確而對測出的結果感到不解。

◆ 示範用意識能量地圖對德蕾莎修女和希特勒進行測試

　　在序章中我們介紹了江本勝水結晶實驗：在裝水的瓶子上貼德蕾莎修女的名字或照片，水結晶後就會呈現美麗而完整的六角形結晶結構；如果貼的是希特勒的名字或照片，就

會呈現醜陋、潰爛的形象。

　　在第三章中我們介紹了用看的方式做 BK 測試：看著德蕾莎修女的照片時肩肌會鎖緊，測出正能量；看著希特勒的照片時肩肌則鎖不緊，測出負能量。這個測試的結果和江本勝水結晶研究的結果一致

　　同時，我們也介紹了用陳述方式對德蕾莎修女和希特勒進行測試。當我說：「測德蕾莎修女」時，受測者的肩肌抗力會強而有力，而使我壓不下去，測出正能量。當我說：「測希特勒」時，受測者的肩肌抗力會減弱，而使我壓得下去，測出負能量。

　　以下將示範如何用意識能量地圖對德蕾莎修女和希特勒進行測試。

　　我們會先陳述霍金斯博士這個參考座標尺度然後再進行測試。我們會說：「依據霍金斯博士的意識能量水平，從 1 到 1000 的尺度，200 代表誠實、正直、勇敢，德蕾莎修女的意識能量水平超過 200。」然後進行 BK 測試。結果是肯定的（肩肌鎖緊），就繼續往上測，超過 300，超過 400，超過 500……直至測超過 800，肩肌就鎖不緊，表示低於 800，也就是在 700 與 800 之間。最後用「內插法」不斷縮小範圍，超過 750，no；低於 750，yes；低於 740，yes；低於 730，

yes；低於 720，yes；低於 710，no；超過 710，yes；超過 711，no；最後測定德蕾莎修女的意識能量水平是 710。

另一方面，由於德蕾莎修女的意識能量水平高於 200，所以是正的，和序章及第三章中的結果一致。

然後同樣的對希特勒進行測試。

「希特勒的意識能量水平超過 200。」結果是否定的（肩肌鎖不緊），繼續往下測；低於 200，yes；低於 100，yes；低於 50，yes；低於 40，no；超過 40，yes；超過 41，no；最後測定希特勒的意識能量水平是 40，由於低於 200，所以是負的，和序章及第三章中的結果一致。

◆ 超越時空測出希特勒 15 歲時的意識能量水平

用陳述的方式加上意識能量地圖，我們就可以超越時空的限制測出希特勒在 15 歲時的意識能量水平是 430，後來不斷下滑，持續降到 40。

◆ 我們的創新❶：為「開放性問句」做測試

戴蒙醫生和霍金斯博士的 BK 測試其實只限於回答「封閉性問句」。

戴蒙醫生的測試直接回答對生命能量是好或壞（yes ／

no）。例如測白砂糖是好或是壞的：將白砂糖糖包放胸口，結果肩肌抗力變弱，所以是壞的。

霍金斯博士的測試則是，回答他所測的人事物超過或低於他所定義的意識能量系統某個水平是 yes ／ no；或是測試某一陳述真僞的 yes ／ no。例如測德蕾莎修女的意識能量水平超過 200，yes ／ no；超過 300，yes ／ no……最後測出的結果是 710。

又例如測「祈禱能夠具有療效」的真僞，yes ／ no，結果是 yes，正確。

但是他們倆都不曾對「開放性問句」做測試。

我們的研究團隊在測試範圍方面不斷創新，嘗試回答「開放性問句」，因而大幅開展了 BK 測試的範圍。在本章我先針對「爲什麼」這種開放性問句舉例說明。在後面的章節中也會有實例介紹如何以 BK 爲「怎麼辦」「是什麼」「何人」「何時」「何地」「何物」等開放性問句作測試。

◆ 測試「爲什麼？」

舉例而言，爲什麼 500 萬美金的典藏畫測出是負能量？

在第三章中（P.71）曾提到，戴蒙醫生測了一幅大都會博物館以 500 萬美金購置的典藏畫作，他和學生測出來都是負

的；但爲什麼學生看著臨摹畫測出來的能量卻都是正的？戴蒙醫生也不知道原因。

我們以「爲什麼」爲這個問句進行測試來探詢這個疑問。

測陳述：「原畫之所以測出是負能量，是因爲顏料的原因？」結果是 no。

測陳述：「原畫之所以測出是負能量，是因爲畫中的那位貴族是負的？」結果是 no。

測陳述：「原畫之所以測出是負能量，是因爲光線的原因？」結果是 no。

測陳述：「原畫之所以測出是負能量，是因爲畫家本人心性是負的？」結果是 yes。這個結果解答了戴蒙醫生的疑問。

我們還可以接著測這項陳述：「那幅臨摹的畫是正能量，是因爲臨摹畫家心性是正的？」結果是 yes。

多麼奇妙，畫作竟然可以蘊含畫家的心性而被 BK 測出來。

◆ 畫家的心性也會影響畫作能量

後來，我們研究室經常針對一些名畫作測試，發現影響畫作能量正負的主要因素包括「畫作的內容」及「畫家的心性」。

◆ 什麼會影響音樂能量？

我們對一些音樂作品的測試也有類似的發現，影響音樂作品演奏時的能量除了音樂家的心性、樂曲的內容之外，還有演奏的樂器。

◆ 我們的創新❷：建立能夠具體測出超高正能量的數字系統

霍金斯博士在他書中提到 Divine（神、神性、高層生命）超過 1000，在 1000 至無限大之間，是超高正能量。

如果我們測大家所熟悉的佛、道、神，就會測出：

是 1000 以上，yes；是一萬以上，yes⋯⋯是一兆兆兆以上，yes⋯⋯

測了很久還是測不到頂，最後就不想再繼續測下去了，反正只要陳述「超過 1000」或「在 1000 至無限大之間」，是 yes 就夠了。

我們研究團隊很想往更高的層次探究，看看有沒有辦法具體測出數字。我們最後成功的發展出一套能夠用 BK 測定超高正能量的數字系統，將在第十章詳細介紹。

第九章

一些特別的 BK 測試

　　本章先介紹我們研究團隊所做的一些特別的 BK 測試，在後面也將介紹霍金斯博士用 BK 測一些戰爭的例子，讓讀者瞭解一下測試的應用可以多廣。

　　這些年我們累積了若干經驗與心得，有些全新的應用與創新突破，也在此介紹。

◆ 關於胎兒的性別

　　有一項關於胎兒性別 BK 測試的結果曾經困擾我很久。

　　我學會 BK 測試後，一碰到可以測試的機會就想驗證一下。中山大學管理學院有不少女性助理，她們懷孕時我會暗地裡測試一下胎兒的性別，並在嬰孩出生後驗證一下。有三次測試的結果都符合，我當時就認為，我能用 BK 測胎兒性別了。

　　有一次我去崗山秀傳醫院演講，看到現場有位護士懷著胎兒，於是我就測了性別，結果是女的。護士說超音波照出

來是男的，我就和博士生再測，還是女的；接著換另一位研究生來測，還是女的。

會後，我找到一位護士長，她那時每週都來中山大學旁聽我的課，我和她做測試很順手，就再測試了幾次，都是女的。我也知道現在超音波照胎兒性別很準，而且那位護士媽媽說「都照到小雞雞了」，可是為什麼測得不一樣呢？測了多少次、換了多少受測者都還是得出「錯誤的」結果——是女的。

等到嬰兒出生後我打電話去詢問，是個男嬰。

後來，常和我搭配做測試的博士生都不太想再做這項測試（我可以陳述回到我那場演講的時間點，為當時那位正懷著胎兒的護士媽媽做測試），但我還是不想放棄，這樣斷斷續續研究了將近六個月。

有天我忽然想，為什麼長久以來 BK 測試一直是「那麼一致的」重複只給予我們同一種結果（是女的）呢？有天我正在讀一本我每天都讀的高層次修煉的經書，書裡談到人的主元神（靈魂）的性別和肉身的性別不一定一樣，有的男人主元神可能是女的，有的女人主元神可能是男的，這讓我獲得了靈感，用了新的陳述來測胎兒性別：「測那個胎兒肉體的性別」，果然測對了，是男的！

　　原來人真正的生命是主元神，在未出生前，主元神的性別才是生命真正的性別。如果沒有這樣的理解，任誰都無法正確測出胎兒的性別，可能有時測對，有時測錯，也就不了了之。難怪霍金斯博士他們幾乎什麼都測，但從來就沒在他的書中看過他們測胎兒性別。

　　這顯示 BK 測試時，有時提出正確陳述句是很困難的，另一方面也顯示要精熟 BK 測試，追根究柢的研究精神也至關重要。

　　但大家也不要因此對 BK 測試怯步，上述那種情況難得碰上一次。對一般食物好壞或人事物好壞的問題陳述沒那麼複雜，測試結果會很明確。

◆ 秦始皇及慈禧太后具有超高的正能量

　　一提到秦始皇，人們馬上就會聯想到「嚴刑峻法」「焚書坑儒」，是中國歷史上的大暴君，他一定是像希特勒那樣，能量是非常負的數值。後來我測了一下，哇，秦始皇是正能量，而且是非常高的正能量，意識能量水平 996，反覆測、換人測，結果都是如此，真是讓我非常吃驚。為什麼會這樣呢？

　　這讓我想起 1984 年我由美國回到台灣中山大學任教，特別上台北向我的姨丈戴玄之教授請益。他曾經擔任師範大學

歷史系主任及新加坡大學正教授，後來回到台灣在政治大學歷史系任教，是一位學養深厚的史學家。我問他最佩服的歷史人物是誰？他說秦始皇，這完全出乎我意料之外。現在 BK 測試印證了姨丈的看法。

大約十二年前，有一次我在台南科學園區有一場公開演講。當我在演講中測出秦始皇的意識能量水平是 996 的時候，現場有一位女士站起來大聲憤怒的說：「楊教授，你前面講的我都相信，我是成大歷史系的教授，但你剛才測出秦始皇是那麼高的正能量，你前面所講的我都不相信了。」我請她到前面來自己體會一下測試過程，她拒絕並憤而離席。

又過了三年，台南有一家高科技公司請我去演講，指明 BK 測試相關的講題，後來他們年終尾牙又要我去講這個題目。在和總經理交談時，我問他為什麼連續兩次都邀我講這個題目？他說三年前他在台南科學園區聽我演講，也看到我測秦始皇是 996，當時覺得很奇怪，後來他去大陸洽公，在機場的書店買了一本《真秦始皇：仁定四海》。這位總經理是化學工程博士，覺得那本書論證得非常嚴謹合理，然後想起我測秦始皇 996 這件事，就對 BK 測試深信不疑。

後來他還買了一本《真秦始皇：仁定四海》送我，我讀了之後，也覺得那本書旁徵博引，還參考了最新出土的馬王堆資

料，論證得非常嚴謹合理，覺得秦始皇眞是千古一帝，仁定四海，是司馬遷在《史記》裡故意把秦始皇寫成大暴君的。司馬遷爲什麼要騙我們？因爲直書秦始皇必然冒犯漢武帝。

由於秦始皇是我們認知中的大暴君，所以你學會 BK 測試以後不妨也測一下秦始皇的意識能量水平是多少，以檢驗你的客觀性。

我同時也測了一下慈禧太后，是非常高的正能量，和我原來的認知相反，但無法理解爲什麼反覆測、換人測都是一樣的結果。後來那位高科技公司總經理又送我一本一位留英的史學博士寫的有關慈禧太后的書，也是旁徵博引、論證嚴謹，細讀之下才理解原來慈禧太后也是一位了不起的人物。

我們讀的歷史倒底眞實性有多高？我深覺每個研究歷史的人，無論是專業或業餘的，不妨都學學 BK 測試，參考一下測試的結果。

◆ 孔子講的是客家話，晉國人講的是閩南語

我也曾測出孔子當年講的是客家話，閩南語在春秋時代是晉國人講的話，多次測都是如此。因爲無從對證，也就姑妄聽之。但是有一次演講，我卻得到了一點「印證」。

當我問聽眾：「你們認爲孔子當年講的是哪種方言？」

現場有位老先生立即舉手回答：「是客家話。」我吃了一驚，問他怎麼知道？他說他是研究古方言的。於是我找人上臺做測試，測出是客家話。

然後我又問大家：「閩南語在春秋時期是哪國人講的話？」沒想到那位老先生又立即舉手回答：「是晉國。」我還是吃了一驚。他解釋晉國位於現在的山西，在黃河河套那一帶，而且閩南語又叫河洛語……說了一番他的見解。我接著做測試，測出是晉國。

會後這位姓莫的老先生說他女兒是我的學生，推薦他來聽演講的，他好高興幾十年來的研究有了我的測試做印證，又要我幫忙測些他研究古方言時感到疑惑的事。我也很高興自己這方面測試的結果終於有人「印證」了。

◆ 各朝代通用哪些方言？

有一次大學同學傳來台灣補教界歷史名師呂捷的 Youtube 影片「呂捷話唐朝之科舉身言書判」，其中提到唐玄宗是講閩南語的。我就好奇的測試了一下，果然是。

我於是繼續測試了「其他朝代中原地區都通用哪些『普通話』（哈，普遍通行的話）？」結果是，唐朝時大家通用的普通話是河洛話（也就是閩南語），從周朝一直到唐朝都

是河洛話。可能先是晉國那個地區的人所說的方言河洛話成為普通話，就像我們近代北京那個地區的人所說的方言北京話成為普通話一般。

我也測試到了黃帝時說的是廣東話、宋朝迄今是北京話。這尚待方家指正，大家暫且參考。

◆ 人類動力學的人格特質測定

《第五項修練》作者聖吉非常推崇「人類動力學」這項團隊學習的領域；經他推薦，我於 1995 年免費參加這個辨識人格特質的研習營，學習如何辨認由 M、E、P 這三種能量中心組合成的「MP、EM、EP、PM、PE」五種人格特質。很棒，很有用，但很難學（要花很多年，還不一定能精熟），而且所費不貲，大多都是像英特爾那些跨國大企業或歐美政府出錢培養的人員參加。

學會 BK 測試之後，我就用來測試人類動力學。因為書上有許多像是邱吉爾、德蕾莎修女、達賴喇嘛等符合人類動力學人格特質的例子可對照。哇，全部測對了，而且超簡單。

後來我用 BK 測試研究人類動力學又不斷創新，能測出每個人的人類動力學人格特質中 M、E、P 所占的百分比，發展出能測得更深一層人格特質的方法，以及能測出先天與後

天的人格特質,而能更有效運用人類動力學解讀人們的行為。

　　應用 BK 測試於研究人類動力學進而創新的這個例子讓我瞭解到,BK 測試還可以應用到許多的領域,過程變得更簡單且可能創新。這是 BK 測試重要性的又一次的見證。希望今後會有更多領域的人投入或和我們合作研究。

◆ 可不可以用機器測?

　　BK 測試方法本身也有一些課題在此說明一下。有人問:「可不可以用機器來測?比較客觀。」問題是 BK 測試需要施測者與受測者形成一個「能量場」,所以有些能量水平是負的人就測不準,因此機器幫不上忙。

　　此外,對每個人施壓的力量也不同,對小孩與對舉重選手壓的力道差別很大,重點不在壓下去,而在於感覺肩關節有沒有鎖住。小孩的肩關節只鎖住一點點,用力過大、缺乏經驗或不夠敏覺的施測者常無法對小孩施測。

◆ 和測謊不太一樣

　　我也發現這個方法和測謊不太一樣,因為「說謊」指的是說謊者知道正確答案但故意誤答,而 BK 測試的施測者與受測者常常根本不知道正確答案是什麼,也就沒有說謊這回

事了。

◆ 施測條件和注意事項很重要

我也曾上網看有關肌肉測試的影片，很多都沒有遵照霍金斯博士在書中提及的施測條件和注意事項，結果當然不夠正確。我初學時也常疏忽某些事項，因為霍金斯博士不只在《心靈能量》這本書中提到一些注意事項，在其他書中也會提到另外一些，如果沒有記住就測偏了。

在本書附錄中（P.203），整理了我們的經驗及參考霍金斯博士與其他專家所歸納出來的 BK 測試施測條件、注意事項及補充說明，供大家參考。

◆ 測試關鍵：正確的陳述

我曾測過一首音樂，能量非常高。有學生把那首音樂灌到 CD 裡。有一次我看著那張 CD 測它的意識能量水平，是150，因為是 200 以下，所以是負的。

為什麼會這樣呢？有一個研究生說我可能測到 CD 的意識能量水平，因為我們測過 CD 就是 150。所以在我改變陳述：「測這個 CD 中的音樂的意識能量水平」，就和原先一樣高了。

◆ 小心測到同名同姓的人

我再用一個實例來強調「如何正確陳述」的經驗很重要。

我測過我的一位義兄，他的意識能量水平很正很高。有次我請一位研究生擔任施測者測義兄的意識意識能量水平，結果是負的，可是我曾測過的結果很正、很高啊，怎麼會這樣呢？於是換個研究生擔任施測者再測，結果還是負的，但一換我擔任施測者就很正、很高，這就奇怪了。一直到他們的陳述換成「測楊碩英老師的義兄○○○的意識能量水平」就測出與我相同的結果。那為什麼我測時只需陳述「測○○○的意識能量水平」就能測出來呢？我們反覆研究測試，有了全新的發現。

首先，如果以名字測人，BK 測試會自動鎖定最有名的那個人來測。

譬如測歐巴馬，世上有好多歐巴馬，歐巴馬家的兄弟姊妹也都叫歐巴馬，如果不特別指定，它就會自動鎖定美國前總統歐巴馬來測。經我的研究生上網輸入○○○發現，原來有一位政府官員也叫○○○，他比我義兄有名，所以 BK 測試就自動鎖定他去測了，而他的意識能量水平是負的。

所以，如果以名字測人，應該具體而精確的陳述。

至於為什麼我測時只需陳述「測○○○的意識能量水平」

就能測出來呢？那是因爲我和義兄的關係很親，BK 測試會自動鎖定我義兄○○○來測。這樣的經驗眞是珍貴。

問題又來了，那麼爲什麼 BK 測試會自動鎖定最有名的那個人來測？經過不斷深究之後，我們發現，BK 測試就像《易經》一樣，是由另外空間非常高層的生命所掌管，許多這類的方法都是，像「心理 K 療法」就是，台大李嗣涔教授訓練小孩用手指識字也是。這些方法由高層生命掌管，不能亂應用的；心不正不讓用，不正的事不讓測。

這些高層生命的層次有別，掌管 BK 測試的很可能是這類方法中最高的一個，比掌管《易經》的還高。至於像碟仙等方法則是由另外空間很低層次的負面生命在背後操控，用 BK 測試測碟仙這些方法的意識能量水平結果都是 1，你測測看就能分辨，不要去接觸這些能量很負面的方法，它會逐漸降低你的意識能量水平。

◆ 難道這條龍是真的？

網路上曾流傳一支影片，說是在高雄六龜拍攝到一條龍，活龍活現的在雲中向上翻躍，影片中有人用閩南語驚呼「龍啊……龍啊……」我看著影片陳述：「測這支影片」，被測者抗力強，表示是肯定的。難道這龍是眞的？

　　不久之後我在網路上搜索，有人說影片是以前韓國拍的神怪片中的一段，是電影特效。我再重新測試，將陳述改成：「這個影片中的龍是真正的龍」，結果抗力弱，不是真正的龍。之前我看著影片陳述：「測這影片」，被測者抗力強，只表示這影片能量是正的。

　　所以我們的陳述很重要，要具體而精確的陳述，陳述若不夠精確就會導致錯誤的結果。

◆ 沒想到 PowerPoint 的背景底圖有問題

　　我曾測過一幅正能量的畫，後來拍照把它複製到一個 PowerPoint 檔案中。演講時我看著有畫的那張投影片測它的意識能量，結果都是正的。我那時用的投影片都是沒有背景底圖的，背景空白。

　　有一次我看到一個博士生的投影片背景底圖是藍色的天空和遠方一整排黑色山脈，看起來還不錯，就 copy 來用，於是每張投影片都有那張背景底圖。有次我看著那幅畫的投影片測它的意識能量，結果卻是負的，百思不得其解。還好不是在演講時測的。

　　後來我把這幅畫再複製到完全沒有背景底圖的投影片中時，再測它的意識能量，就和從前一樣是正的。

　　然後我對那個背景底圖測試了一下，意識能量水平居然是非常負的數值。怎麼會這樣呢？後來測出是因為那個製作背景底圖的人其意識能量水平非常負。

◆ 測試部分還是全部？

　　測試是「部分的」（local）還是「全部的」（global）也很重要。

　　比如說，有一位留英就讀一所知名大學的碩士，回台灣後在我們管理學院擔任院長的研究助理，她來旁聽我的課。後來她要出國讀博士，申請到了英國和美國的大學，請我為她做 BK 測試，結果美國那所大學是較好的選擇。但是，綜觀而論，我建議她應該也測「出國」或「留在台灣」哪個才是較好的選擇。但是她說自己不考慮留在台灣。

　　後來為了研究這類測試，我私下測了她「出國 vs 留在台灣」，後者是比較好的選擇。

　　之後，她去了美國也完成了博士學位並成家，住在華盛頓特區，我有一個學生之前去那裡時就住她家，瞭解到她的現況不甚理想。當然我無法證明留在台灣會比較好，只是說明如果真想用 BK 測試來瞭解什麼是比較好的選擇，範圍盡量測得較廣些。

◆ BK 測試能預測未來嗎？

在注意事項中，有一項是「不預測未來」，需要進一步
說明。例如：有兩顆蘋果，一顆有農藥殘留，另一顆是有機、
無污染的蘋果。BK 測試可以測知前者對你的健康有害，後者
對你的健康有益，它能結合各種「已經存在的」資訊，並判
斷哪個對你好、哪個對你不好，但它無法測知你後來會選擇
哪顆蘋果，因為那在目前是「不存在的」資訊，所以它不預
測未來。

仔細的讀者可能會發現，既然 BK 不預測未來，之前留學
的例子為什麼可以測呢？接下來就用我兒子楊衡的例子說明。

楊衡從小在中山大學校園出生長大，進入中山大學附設
幼稚園，讀中山大學後面的森林小學——柴山國小，國中和
高中都讀高雄道明中學，後來甄試進入中山大學資管系就讀。
他大學成績全班第一，大四時申請了台大、政大、中央及中
山四所資管研究所，因為成績好，都是逕直錄取（連面試都
不需要）。那時他正在選修我的系統思考課程，在課堂中我
也介紹過 BK 測試，就邀同學上來測測看楊衡選哪所大學的
資管研究所最好，結果最好的選項是中山大學。楊衡在現場
就大聲說，他從小就在高雄，不想再待在高雄了。我就叫他
上來測測看，結果也是中山大學。後來他選擇了台大，去了

台大一週之後，他就抱怨不喜歡那裡的環境。

　　我用這個例子說明 BK 測試可以將目前所有的資訊綜合起來爲你判斷，但不能夠預測未來，也不能測你如何選擇未來。

　　一年後我爲了研究 BK 測試，就私自再測「楊衡選哪個研究所」這件事，結果最好的選擇就變成台大，而不是中山大學。爲什麼？因爲這時他已經適應了台大的環境；另一方面，如果這時他要再回中山大學，就得重新申請，就要吃虧一年。這也表示BK測試會綜合「目前」的所有資訊來做判斷，但不預測未來。

◆荷蘭科學家發現台灣土地蘊含驚人能量，BK 也能測這種能量嗎？

　　BK 被戴蒙醫生用來測各種東西對我們身體「生命能量」是好是壞的影響，被霍金斯博士用來測各種「意識能量」的水平，既然是測能量的，那麼 BK 測試和其它能量測試的方法有何異同？能相通嗎？

　　我想有不少讀者看過一篇報導說荷蘭科學家亞柏‧范‧伊頓（Jaap Van Etten）博士發現台灣土地蘊含驚人能量。既然都是測試能量，我們可否用 BK 測試探討一下呢？

　　范‧伊頓博士是生物學博士，是全球土地能量探測的頂

尖學者，並研究這種看不見的能量如何影響各種生物（主要
是人類）的「生命能量」。2005 年他應邀來台發現台灣這
塊土地蘊含著較世界知名的美國能量城亞利桑那州瑟多那市
（Sedona）更高的能量。他發現台灣土地所展現的驚人能量，
躍居他所測試國家的第一位。他以特殊的探測棒及計算方式
為土地檢測能量，除了幫助判斷何處有地穴點，還可以告知
該處地穴點的能量大小。

　　他在荷蘭家鄉測得的能量值半徑是 2500 公尺，美國瑟多
那市是 4000 公尺，但陽明山上的竹子湖一個農場的能量值半
徑竟高達 5500 公尺。大安森林公園測得了 3000 多公尺能量
值，最驚人的還是南港公園，能量指數最高，能量值半徑高
達 1 萬 6000 公尺。

　　我想用霍金斯博士用來測意識能量水平的方法來和范‧
伊頓博士的方法比較一下。但兩者衡量能量的單位不一樣，
所以我先由上面摘要中挑了五個范‧伊頓博士測的地點，依
其能量值半徑大小排列如下，看看霍金斯博士的方法能不能
測出同樣的排序：

　　❶范‧伊頓博士在荷蘭家鄉測得的能量值半徑是 2500 公
尺。

　　❷大安森林公園測得的能量值半徑是 3000 多公尺。

❸亞利桑那州瑟多那市測得的能量值半徑是是 4000 公尺。

❹陽明山竹子湖一個農場測得的能量值半徑是 5500 公尺。

❺南港公園測得的能量值半徑是 1 萬 6000 公尺。

　　然後我用 BK 測試這些地方的意識能量水平，測得的結果如下：

　　❶范・伊頓博士在荷蘭家鄉測得的能量值半徑是 2500 公尺的那個地點：899。

　　❷范・伊頓博士在大安森林公園測得能量值半徑是 3000 多公尺的那個地點：985。

　　❸范・伊頓博士在瑟多那市測得能量值半徑是 4000 公尺的那個地點：989。

　　❹范・伊頓博士在陽明山竹子湖測得能量值半徑是 5500 公尺的那個地點：994。

　　❺范・伊頓博士在南港公園測得能量值半徑是 1 萬 6000 公尺的那個地點：996。

　　結果很巧，兩者大小順序一樣。而且幾個高能量地點測出來的意識能量水平非常接近。雖然我們也知道霍金斯博士的意識能量水平是以 10 為底的 log 值，相差 1 就差很多了，

但因為表示出來的數值非常接近，所以我覺得霍金斯博士的意識能量水平不太適合用來表徵一個地點的能量。

接著我想，BK 能測陳述的 yes ／ no，如果直接用 BK 來測相關的陳述，結果會是什麼樣？

我的陳述是：「以范‧伊頓博士的探測棒及計算方式，為○○○那個地點測其能量值半徑，是○○○公尺以上。」yes ／ no……。測定的結果如下：

❶針對范‧伊頓博士在荷蘭家鄉測得能量值半徑是 2500 公尺的那個地點，我以 BK 測得 2700 公尺。

❷針對范‧伊頓博士在大安森林公園測得能量值半徑是 3000 多公尺的那個地點，我以 BK 測得 3500 公尺。

❸針對范‧伊頓博士在瑟多那市測得能量值半徑是 4000 公尺的那個地點，我以 BK 測得 4400 公尺。

❹針對范‧伊頓博士在陽明山竹子湖測得能量值半徑是 5500 公尺的那個地點，我以 BK 測得 5800 公尺。

❺針對范‧伊頓博士在南港公園測得能量值半徑是 1 萬 6000 公尺的那個地點，我以 BK 測得 1 萬 9000 公尺。

哇，范‧伊頓博士所測的能量值半徑竟然和我所測定的如此近接近，這是 BK 測試的一項新的應用。

就像本章前面應用 BK 測試於研究人類動力學進而創新的例子，能用 BK 測出范‧伊頓博士所探測地點能量值半徑的例子，再度印證 BK 測試可以應用到許多的領域，過程變得更簡單，且可能創新。期望會有更多領域的人投入 BK 測試或和我們合作研究。

後來我也用 BK 測試以范‧伊頓博士的探測棒及計算方式為台灣其他地點測其能量值半徑，發現還有一些他沒測過的地方其能量比南港公園還要高，像日月潭就是其中之一，而高雄中山大學校園內有一個地點是我目前測過台灣土地蘊含能量最高的地方。

◆ BK 也能「測風水」嗎？

既然 BK 能和范‧伊頓博士的方法一樣測定許多地點的能量，那麼它也能「測風水」嗎？

依我初步的理解及數次實驗，BK 的確能測定一個地點的能量水平，而且所測結果也與我所瞭解的一些最基本的風水原則（如路沖不好）相呼應。

用 BK 測某個地點的能量水平的好處是：我們即使不在現場也可以用陳述的方式測出該地點之能量，而且能進一步測每個房間的能量水平，或測出該地點對某人是好是壞：對

某甲好對某乙不一定好；對某甲壞對某乙不一定壞。

但若要測增減調整房子某些部分後的能量水平，由於這些是開放性問句，測起來就缺少指引且很費時。這方面就需要多吸收些風水學方面的知識，或向對風水有研究的人請益備選方案，再進行測試。

◆ 老子傳訊給呂應鐘教授寫成《老子不為》的正確度

2018 年 8 月初，我接到樓宇偉博士（中華整合醫學與健康促進協會生命能信息醫學專業委員會主任委員）的來電。他是麻省理工材料科學博士，在看了《心靈能量》之後想邀我參加一個神奇的腦心靈與氣 2018 秋季會，請我演講 BK 測試。演講者還有台大前校長李嗣涔教授、前國防部副部長林中斌教授等。我答應共襄盛舉。

第二天，樓宇偉博士傳來一個簡訊。他說看了我為《心靈能量》寫的導讀，提到河洛話是春秋時代晉國人所講的話，他覺得我一定會對著名 UFO 研究者呂應鐘教授（筆名呂尚）所下載的《老子不為》一書感興趣，它是用河洛話寫的，希望我也能參與認證或評估一下其正確度。

我那時還不瞭解他說的「下載」是什麼意思，就上網搜尋了一下。太神奇了，老子居然親自傳訊給呂應鐘教授，說

《道德經》有很多地方不符合他的本意，要重新爲呂教授講解「老子」原文。然後老子的一些思想資訊就進入呂教授的頭腦，句句非常清楚，要他記錄下來。呂教授覺得非常惶恐，老子叫他不要妄自菲薄，他是特別找到他的，而且希望他用閩南語來寫這本書。《老子不爲》因此誕生。

我看了網路上這些資訊，當下的反應是覺得這太荒謬了，我以前也測過這類東西，結果都是另外空間附體之類搞的。不過我還是找了我的學生測試了一下，一測之下大吃一驚，居然 100％正確。同時也測出老子是講河洛話的（也就是說閩南語），就傳簡訊回報樓宇偉博士。他回覆說：非常可貴，太精彩了！

◆ 用「正確度」來測

在此補充說明一下，霍金斯博士測他書的章節內容正確程度都是用意識能量水平的方式來表示，比如 600 多、700 多、800 多、900 多等，我發現還有一個方式是直接測正確度的百分比就可以了。

在這期間樓宇偉博士又傳來簡訊表示，《耶穌：我的自傳》也是類似的書，由英藉加拿大女士 Tina Spalding 所下載，更是影響潛力無窮！要我驗證一下眞實性。結果是 99％正確。

接著我自己測目前流傳的通行本《道德經》的正確度，是94％。我傳簡訊給樓宇偉博士，他覺得通行本《道德經》和《老子不爲》相比，正確度是75％到80％之間。

後來我改測：「通行本《道德經》內涵的正確度」，是79％。這時我回過頭來陳述：「上次測《道德經》的正確度是94％指的是道德經內容的（文字的）正確度」，測試結果是肯定的。這又一次讓我體驗到 BK 測試陳述的重要性。

後來我又測了《耶穌：我的自傳》這本書內涵的正確度，結果也是99％。

我立刻就購買了這兩本神奇的書，快速翻讀了一遍，眞好。

◆ 孔子和老子用什麼方言交談？

我以前測過孔子是講客家話的。孔子曾經去見老子，那麼他們用什麼方言交談呢？我測出來是用河洛話，孔子會說些河洛話；我也測出那個時候的河洛話就是當時大家通用的普通話。

◆ 馬克的前世是誰？

這些年實在有不少經歷令我不得不越來越相信 BK 測試的準確性，在此介紹我測小舅子馬克前世的例子。

我曾多次使用它來測人的前世，有次我測小舅子馬克前世是誰，我以陳述句來測，從「馬克有沒有前世？」測起，yes；然後測「前世是不是人類？」yes；是男是女？是男的；前世是哪個地區的人：美洲？亞洲？歐洲？非洲？結果是歐洲。接著再測他前世是歐洲哪個國家的人：英國？荷蘭？法國？比利時？德國？瑞士？奧地利？波蘭？丹麥？挪威？瑞典？芬蘭？義大利？葡萄牙？西班牙？只有在陳述「德國」時，肩肌會鎖住。再來，測試他前世的職業是什麼？結果是軍人。

就這樣不斷測下去，最後得到的結果是：德國陸軍上校。而且好幾組學生在不知道德國陸軍上校這個結果的情況下測試，也得到相同的結果（請參看附錄二我示範如何測馬克前世整個過程的 Youtube 影片，P.217）。

更令人訝異的是，當我打電話到美國夏威夷告知馬克時，他的反應是：「啊，怎麼這麼巧，你是第三個告訴我前世是德國陸軍上校的人，有位西藏的仁波切和一位高人也都曾經說過相同的話。」

馬克是小學畢業後去美國的，2009 年回台參加台北再興小學同學會，有同學把當年的畢業留言簿帶來。沒想到他一看，發現他當初在留言簿上寫的是：「納粹萬歲！」年近

五十的他早已忘記小學寫過的話，但現在看來似乎一切都不是偶然的，都是有因緣關係的。

這時馬克從台北立刻打電話給我，要我測他前世是不是納粹？結果是 yes。他又問我他是哪一年死的？幾歲死的？怎麼死的？結果是 1943 年死的，死時 41 歲，死於戰爭。他又問我死於哪一個戰役？我說不知道。這是開放性問句，所以如果花些時間用 Google 查一下那時歐洲戰場所有的戰役測一下就可測出來。

你想想，世界上這麼多國家、這麼多工作種類、職級位階，透過我的研究生這麼多不同的組別都測出「德國陸軍上校」這一結果，光憑機率來講，幾乎是幾百萬分之一近乎不可能的巧合了，但 BK 測試就是這樣，重複測出同一結果；而且在這個例子中還有不同方式的結果印證，要怎麼解釋這種現象？

我也遇到不少這樣的例子，當這類例子越來越多時，就由不得我不相信這個方法的正確性了，這就是為什麼我越來越相信 BK 測試的原因之一。

◆ 如何看著照片測每張照片個別對應的情況？

在第三章「你能分辨這四張照片有什麼不同嗎？」那節

（P.73）提及我們將在本章說明如何用 BK 測出每張照片個別對應的情況。在此先將四種情況編號如下：

❶施敬尹心裡想著她敬愛的人。

❷施敬尹心裡想著她憎恨的人。

❸施敬尹看著德蕾莎修女的照片。

❹施敬尹看著希特勒的照片。

然後請不一定知道對應答案的合格施測者及受測者來做 BK 測試。請施測者或受測者任一人看著施敬尹手指比數字 1 的那張照片做 BK 測試，陳述：「這時是情況❶」，no；「這時是情況❷」，no；「這時是情況❸」，yes；「這時是情況❹」，no；所以施敬尹手指比數字 1 的那張照片是她正在看著德蕾莎修女照片時所拍攝的。同樣方式即可測出其他答案。

我們請班上許多同學來擔任受測者，看著這四張照片進行測試都能得到正確的答案。像這種「連連看」或「選擇題」，選項可以是十個、二十個或更多，BK 測試都可測定，不會重疊。

◆ 關公 209 公分，西施 173 公分

我在演講時，常用 BK 測關公的身高是 209 公分，西施是 173 公分，多次測、換人測皆如此。請問各位為什麼會這

樣，始終只測出同一個答案，這就值得深思了。雖然這個測試結果無從印證，但是已有不少獲得直接或間接印證的例子；上述測馬克前世就是一個間接印證的例子，第一部分也有不少戴蒙醫生直接印證的例子。

　　用 BK 測出關公和西施的身高是深具啓發性的，這表示還有許多歷史上的事情可用 BK 測測看；同理，也還有許多領域中的許多事情可用 BK 測，測個結果，多個參考總是好的。這麼多年來的經驗使我覺得，它的參考價值還眞高。

◆ 開放性問句如何測？

　　在第八章中我們提到，戴蒙醫生和霍金斯博士的 BK 測試其實只限於回答「是非題」或「封閉性問句」，他倆都不曾對「選擇題」「塡空題」「開放性問句」做測試。而我們的研究團隊則嘗試回答「選擇題」「塡空題」或「開放性問句」，大幅開展了 BK 測試的範圍。

　　做「選擇題」只需把所有的選項列舉出來然後 1、2、3……編號，逐次測哪個最佳。如果有十個選項，也可以測最佳那個是在前五個或後五個之中，然後逐漸收斂找出最佳選項。也可以爲所有的選項排名：從第一名排到第十名；但是，BK 測試無法測所列舉出來的選項中是否已包含最好的選擇，只

能測你目前已列舉出來的選項中哪個最佳。

「填空題」或「開放性問句」有時測試會很花時間，因為有各種可能，也有可能測了半天沒有任何結果，施測起來也很辛苦。我與蔡安和因為搭配多年，力道拿捏純熟而有默契，所以不會太累。

如果以上面測馬克的前世為例，先要逐次測馬克的前世是哪個地區的人：結果是歐洲。接著就要逐次測馬克的前世是歐洲哪個國家的人：結果是德國。再來，測試他前世的職業是什麼：結果是軍人。

如果開放性問句備選方案是序列式的，就可逐次的測。還是以測馬克的前世為例，因為已經測到他是軍人，就可以測他是海軍、陸軍、空軍等；他的階級如果是軍官，就可以從少尉中尉上尉少校中校上校少將等等逐次測上去。

又例如，馬克問我他是哪一年死的？幾歲死的？我可以從 1939 年逐年測到 1945 年，結果是 1943 年死的；再逐年的測，測出他死時 41 歲。

至於馬克問我他死於哪一個戰役？這時就是做「選擇題」了，如前所述，只需從網路上搜尋出二戰當時在歐洲所有的戰役，把它們一一列舉出來，然後就能測定。

◆ 用 BK 為本書選個合適的書名

再介紹一個用 BK 協助我們做「選擇題」的例子。

2018 年 12 月 6 日在本書初稿完成之際，方智出版社的主編寄來電子郵件：「老師好：我們昨天開了書名會議，發想了十八個書名，最後票選最高票的是 ──《正能量密碼：用身體分辨好壞、眞僞與善惡》，希望你會喜歡。其他次高票的書名有：《正能量使用手冊：身體有智慧分辨好壞、眞僞與善惡》《找回生命的正能量：身體有智慧分辨好壞、眞僞與善惡》，也供參考。」

收到信之後我心想何不用 BK 測試一下？測的結果是：來信中建議的那三個書名都不是最佳的，於是就回信給主編，請她把十八個書名都寄給我測測看。

2018 年 12 月 10 日主編寄來十八個主書名及一個副書名：

【主書名】

（1）爲自己找到生命的正能量

（2）找回身心靈的正能量

（3）藏在身體裡的祕密

（4）生命的眞僞好壞，身體知道

（5）生命的正確答案，身體知道

（6）生命的疑惑，肌肉知道

（7）找回生命的正能量

（8）讓肌肉告訴你什麼最好

（9）你的身體不說謊

（10）只有肌肉不說謊

（11）壓一下，瞬間找出生命解答

（12）正能量眞相

（13）正能量的祕密

（14）正能量密碼

（15）心靈密碼

（16）正能量？負能量？肌肉知道一切眞相

（17）身心靈的正能量密碼

（18）正能量使用手冊

【副書名】

用身體分辨好壞、眞僞與善惡

2018 年 12 月 11 日我們先測主書名。陳述：最佳的主書
名在（1）至（9）之中，yes；在（1）至（5）之中，no；在（6）
至（9）之中，yes；在（6）至（7）之中，no；在（8）至（9）
之中，yes；是（8），yes；再多測一下，是（9），no。所以

最佳的主書名是（8）讓肌肉告訴你什麼最好。

我們再測副書名。陳述：最佳的副書名在（1）至（9）之中，yes；在（1）至（5）之中，yes；在（1）至（3）之中，yes；在（1）至（2）之中，yes；是（1），no；是（2），yes。所以最佳的副書名是（2）找回身心靈的正能量。

所以 BK 測出的最佳書名是《讓肌肉告訴你什麼最好：找回身心靈的正能量》，我於是回覆主編這個結果。

不久，執行編輯回信：「老師：大部分讀者第一眼看到『肌肉』兩字，可能會聯想與『運動』相關，而非肌肉測試等與我們書關連的內容。以下兩個提案給你參考，能否麻煩老師從中選擇一個呢？謝謝。」

（1）讓身體告訴你什麼最好：找回身心靈的正能量

（2）找回身心靈的正能量：讓肌肉告訴你什麼最好

於是我們再用 BK 測試了一下，答案是（1）讓身體告訴你什麼最好：找回身心靈的正能量。我們都覺得這個書名還不錯。

這就是用 BK 協助我們為本書選個合適的書名的整個過程。這是到 2018 年 12 月 11 日為止 BK 為我們測定的最佳書名。如果之後我們再想出其他書名，BK 還是可以快速地測試

看看是不是更好的。

2018 年 12 月 16 日我又想出了一個書名《如果有這樣一種方法那該有多好》，不知它和《讓身體告訴你什麼最好：找回身心靈的正能量》哪個較佳，就把它們寄給我所敬佩的陳加屏博士問他喜歡哪個。

2018 年 12 月 17 日陳加屏博士不直接回答我的問題，他認為書名要把 BK 寫上去方便 Google 搜尋。

當天下午，我們列出下列書名，之前最佳書名列在（1）：

（1）讓身體告訴你什麼最好：找回身心靈的正能量

（2）如果有這樣一種方法那該有多好

（3）BK 測試：讓身體告訴你什麼最好

（4）BK 測試：身體會告訴你什麼最好

（5）BK 測試：找回身心靈的正能量

在以上五個選項中，我們測出最佳書名是（4）BK 測試：身體會告訴你什麼最好。

2018 年 12 月 20 日方智出版社主編回復，若《BK 測試：身體會告訴你什麼最好》是本書主書名，沒有副書名是嗎？因為用冒號（：）或破折號（——）在業界就會主動解讀成

前段為主書名，後段為副書名。若老師希望書名不要有主副之分，建議中間以音界號（‧）替代為《BK 測試‧身體會告訴你什麼最好》

於是我們再用 BK 比較《BK 測試：身體會告訴你什麼最好》與《BK 測試‧身體會告訴你什麼最好》，測出最佳書名為後者，沒有副書名。

◆ 川普是巴頓將軍轉世？

之前在美國網站上，對於川普總統和巴頓將軍相似之處有很多討論，甚至有人說川普是巴頓將軍轉世。我好奇地看了全文。兩個人不只長相，在許多方面實在是非常相似。茲將《大紀元時報》的報導摘錄部分於下，大家看看是不是很像。

大紀元 2017 年 02 月 26 日記者唐青報導：

川普像巴頓嗎？最近，川普和巴頓將軍的相似之處在美國互聯網上引起了討論，甚至有人說川普是巴頓將軍轉世。巴頓將軍 1945 年在一場車禍後去世，次年川普出生。

喬治‧巴頓（George Patton，1885 ～ 1945）是美國陸軍四星上將，以其在第二次世界大戰中的戰績聞名。他率領美國陸軍第三集團軍，從西西里島登陸，到反攻諾曼第，一

直打到納粹德國的老巢。1970 年上演的奧斯卡影片《巴頓將軍》讓他成為美國家喻戶曉的英雄。

　　唐納‧川普是美國億萬富豪、電視明星、作家，淨資產45 億美元，2017 年 1 月就任美國總統，延攬多位將軍進入內閣。

　　巴頓和川普都具有多姿多彩的個性，兩人都敢說敢做，口無遮攔，因此惹來不少爭議。他們都勇猛直前，行事快速有效，且具有強硬的領導風格。在關鍵時刻，他們似乎總能扭轉乾坤，令敵手望而生畏。對比兩人的照片，一比嚇一跳，相貌非常相似。除了形似之外，還有許多神似之處。

川普（左）和巴頓將軍（右）。

　　首先，兩人都出身富裕家庭。其次，兩人都熱愛運動。

巴頓曾代表軍隊參加在斯德哥爾摩舉行的 1912 年夏季奧林匹克運動會「現代五項」的比賽，總體成績排名第五。他在擊劍項目上排名第四、騎馬障礙賽上排名第六、游泳第七、射擊上排第二十一、4000 公尺越野跑上排第三。

川普愛好棒球和橄欖球。1962 年在學校橄欖球代表隊裡踢球，1963 年則是足球代表隊的成員，而且在 1962 到 1964 年，他還是學校棒球代表隊的成員，1964 年還擔任棒球隊隊長。

喜歡高調炫耀

除了熱愛運動，巴頓和川普都喜歡高調炫耀，打造自己華麗而獨特的形象。

強硬的領導風格

兩人都有強硬的領導風格，敢說敢做，大刀闊斧，勇往直前。

口無遮攔

兩人都是口無遮攔，大嘴放炮，直到令全世界瞠目結舌，屢屢發出驚人之語，飽受爭議而依然不改。

為神而戰

巴頓表示，他是遵從神的意願而戰。「巴頓的祈禱」名滿天下，載入美國史冊。軍情緊急時，巴頓將軍求助於神。他要求隨軍牧師製作祈禱卡片，發給全體二十五萬官兵，上面寫著那段著名的「巴頓禱告詞」：

「全能慈悲的天父，我們謙卑地懇求祢節制這惡劣的天氣，賜予我們戰鬥所需的好天氣。請祢開恩傾聽我們這些軍人的呼喚，以祢的神力，助我們不斷取得勝利，粉碎邪惡敵人的壓制，在人間與諸國為祢伸張正義。」

川普也是一位神的信徒。他曾經發布聲明說：「我以身為基督徒為榮，成為總統之後，我將不容基督教持續遭到攻擊和削弱。」川普還把他母親的一句格言，放在他由藍燈書屋出版的《如何致富》的扉頁上。這句話是這麼說的：「相信上帝，忠於真我。」

川普與巴頓有著如此多的相似之處。他們二者之間，究竟有著怎樣的奇妙淵源？

我用 BK 測試了一下，結果是肯定的：川普是巴頓將軍轉世。

◆ 川普從出生到現在的意識能量水平變化

我原本很討厭川普，後來對他有些改觀，所以測了他從出生到現在意識能量水平的起伏變化。

出生時 900 多，1 歲時 900 多，5 歲時 800 多，10 歲時 700 多，15 歲時 300 多，20 歲時 200 多，30 歲時 100 多，40 歲時 100 多，50 歲時 400 多，60 歲時 500 多，65 歲時 500 多，當選總統前兩年 500 多，當選總統時 500 多，當選總統一年以後 650，三個月前 699，兩個月前 699，一個月前 699，現在（2018 年 9 月 4 日）則是 699。

如果有機會還可以把川普從出生到現在的歷史和上面所測意識能量水平對照一下，就能更具體的理解爲何如此起伏變化了。

◆ 輪迴轉生千百回

在測前世方面，研究室的十幾個研究生們興趣可大了，互相測前世。他們把圖書館的歷史人物誌借出來，對照著一頁一頁地測，發現他們有不少在三國時代是吳國知名人物。還做了很多其他人前世的測試，有仙女下凡的，有男神、女神下凡的，有金龍、銀龍下凡的等。

我們也測到不少中外歷史上的聖賢、偉人、帝王將相、

大修行人、知名人物等，這一世也都轉生成人。例如淨土宗初祖東晉慧遠大師、米開朗基羅、約翰‧洛克斐勒都是同一個生命，這一世轉生成一位目前在紐約的雕塑與繪畫俱佳的華人教授。

前面介紹過的馬克前世的例子有其他管道的印證，也有些有間接的印證。在此僅舉一個間接印證的例子如下。

有一次我們測試研究室一位女同學的前世，結果地球上所有的國家都測遍了也測不到她的前世在哪。後來有一位同學提議往天上測，這是我們第一次嘗試，結果測出她的前世是仙女，原來她是仙女下凡啊！隔天這位女同學來學校的時候，我們告訴她這個測試結果，她非常驚訝，並且告訴我們一個和她出生有關的故事。這個同學叫簡蓮因，她說母親懷她的時候，到了預產期一直沒有辦法分娩，用了各種催生方法都沒辦法生下她，就這樣拖了很久。後來她母親做了一個夢，夢到在天庭一個蓮花池旁邊有位小仙女正在和一群神仙道別，說她要下世投胎了，她母親立刻醒來就很順利的把她生下來了，於是就取名為蓮因，以銘記這孩子蓮花池畔的因緣。

還有一次，一位中山大學的教授約我及蔡安和跟一位遊艇公會的理事長碰面，聊到了前世今生。因為安和有時對於前世有第六感，我就問安和這位理事長的前世是誰？安和閉

上眼睛想了一下說，和鬼谷子有關。我們就 BK 測試了鬼谷子、孫臏和龐涓，結果是龐涓。大家知道龐涓因忌妒孫濱的才華把他的兩腳從膝蓋以下砍掉。結果這位理事長聽到了以後臉色發白，立刻把左腳的褲管拉起來，我們驚訝的看見他的左腳從膝蓋以下是義肢，他說左腳曾經因意外膝蓋以下斷掉，前世的報應如此之大。當然這無法直接證明什麼，只是間接得到了一些印證。

我們的研究團隊對輪迴轉生也有新的發現，像有的生命在同一時期會轉生不止一個人，有多達六個的。

出於好奇，這些年來在 Google 大神的協助下，我也測了一下我的前世。

在中國歷史上就當了包括：商朝創建者商湯、漢文帝、隋煬帝、宋徽宗和清太祖在內的十八位帝王，還有一些歷史人物，諸如伊尹、姜子牙、周公、介之推、顏回、魯班、關羽及同一時間三國時代月旦人物的許劭、李靖、楊家將的楊老令公（楊業）、岳雲、呂洞賓、劉伯溫、王陽明、鳩摩羅什、唐玄奘、法顯、豹子頭林沖、張居正、「千古奇丐」行乞興學的武訓、八指將軍黃興等。

還轉生成包括：傑佛遜和老羅斯福在內的四位美國總統，還具體測出曾是英國、德國、法國、西班牙、義大利、印度、

韓國、泰國、越南、馬來西亞等國的某某君王，以及耶穌最小的門徒若望、預言家諾查丹瑪斯、傳出《格庵遺錄》的韓國大覺者、斯巴達力抗波斯五十萬大軍的電影《300 壯士》中的將領 Dilios、日本明治維新主要人物西鄉隆盛等。

其中像商湯、伊尹、顏回、魯班、楊業、林沖、張居正、劉伯溫、武訓、若望、韓國大覺者或西鄉隆盛等，都是基於某些奇特的直覺、靈感、際遇、不可思議的巧合情況、我這一生某些非常特殊的行為或做過的事情等「間接印證」，我才用 BK 去測的，頗為神奇。否則眾多國度、歷史長河、茫茫人海，想要具體測出前世中曾經是誰，宛如大海撈針，談何容易？至於細節，就不贅述了。

也測出我的許多學生、親人、朋友在前世中都是與我有因緣關係的，諸如親人、師徒、部屬等。如果我是帝王等人物，Google 上多會列出許多親屬的名字，這時就能更進一步具體測出他們是某某人。這些事情讀者可能會覺得太玄奇，但奇特的是我重複測或換人測，都是同一個結果。

◆ 女兒楊融前世曾是我的妻子

我的女兒楊融前世曾是我的妻子，那時我是袁世凱，娶了九個老婆，楊融是大老婆，還有三個我今生竟也遇到，都

住高雄。其中一個前世是韓國公主，是袁世凱出使朝鮮（清朝駐紮朝鮮總理，交涉通商事宜全權代表）結識的。其他兩位多年來常於清晨 3:50 來中山大學校園和我一起打坐煉功。韓國公主那位後來轉生成莫那魯道，成了蔡安和的父親；她今生是高雄一個扶輪社的社長，特別喜歡安和。

楊融小學的時候熱愛三國，自己在網路上建立了一個「三國板」，擔任板主，小學畢業後把三國板交給小學三年級的楊衡管理。有一天她說，高雄書店買不到《三國志》，我就打電話到台北中華書局表示讀小學的女兒要買《三國志》，他們說小孩子看《三國志》幹什麼。由於她精熟正史的三國，後來網路上的人以為她是 70 多歲的老人。有一次我問楊融，三國人物中她最敬佩誰？她說陸遜；後來我測出她是陸遜的兒子陸抗，難怪最敬佩他。楊融曾是著名的抗日女情報員「長江一號」，也曾是蔣中正的伴侶陳潔如。

◆ 她們前世曾是伊尹的妻子，今生的名字都有「尹」字

我曾同時轉生成商湯，以及中華廚藝與中醫湯藥始祖、中華一相「元聖」──伊尹。他活了 100 歲，不知有幾個妻子，在網路上沒查到相關資料。但 BK 測出我有兩個女學生前世曾是伊尹的妻子，巧的是她們的名字中都有一個「尹」

字，其中一位還遠從馬來西亞來中山大學讀材光系，這學期
又跑來企管系一口氣選修我的兩門課。可能已經有人猜到了，
她就是卷首照片中的敬尹。

◆ 關公、關平、周倉今生又聚在一起

在撰寫本書時，協助我進行許多 BK 測試的詹皓鈞與何
敬謙，前世一個是關平，另一個是周倉。

時常看到畫像中的關公旁邊總是站著手裡端著方形布包
的關平，以及手持大關刀的周倉，沒想到今生又聚在一起協
助我了。網路上有人說周倉是虛構的，BK 測他卻是真實存在
的人物。

◆ 蔡安和的前世

蔡安和也測到一些前世：周武王的哥哥伯邑考、刺客列
傳裡頭的專諸跟豫讓、在齊太史簡三個史官兄弟其中一個、
東漢明帝、三國時吳國的甘寧、謝安、花榮（水滸傳）、東
晉幫慧遠和尚跟鳩摩羅什傳信的將軍、岳家軍背嵬軍的先鋒
王剛、秦始皇殉葬六個貼身侍衛之一、蘭陵王、戚繼光、袁
崇煥、崇禎皇帝、戊戌六君子之一的譚嗣同、製作第一把琵
琶的工匠兄弟之一、莫那魯道的長子達多莫那。

　　前面提過東晉慧遠大師曾轉生成洛克斐勒，今生是一位住在紐約的著名畫家、雕塑家。我有一次告訴他前世曾是洛克斐勒，他說有一位絕世高人曾告訴他前世是住在紐約的富豪，但沒有說是誰。就像測馬克前世一樣，這是 BK 測前世又一次間接印證的例子。

　　這宇宙中似乎有一個存在於另外時空的「巨腦」，它儲存了類似前世這些已經存在過的人事物的資料在它的資料庫中，BK 可以直接進入這巨大資料庫搜尋比對，甚至檢驗好壞、真偽及善惡。

◆ 柯林頓和希拉蕊的前世

　　有一次我測楊貴妃這一世有否轉生成人，結果是 yes，是個女的；不斷追測的結果是一位美國政界名流，我測希拉蕊，yes。接著我就測唐玄宗今世轉生成誰？結果是柯林頓，這麼巧！反覆測均如此，惜無印證。後來我聽人轉述，有位絕世高人曾說柯林頓和希拉蕊的前世是唐玄宗和楊貴妃，我聽了真高興，BK 測前世又多了個強而有力的「間接印證」。

◆ 紐西蘭原住民毛利人的祖先是從台灣來的？

　　我最近看電視報導，紐西蘭的原住民毛利人來台灣尋根。

他們的祖先是從台灣來的？我有些存疑。但到底是不是呢？

　　我現在對於自己所存疑的、不相信的、不以為然或不瞭解的事，常會以「正向懷疑」的態度用 BK 測試一下，如果測試的結果是 yes，就進一步瞭解一下，而不是立刻武斷的認為這是在搞迷信或胡說八道。

　　毛利人的祖先來自台灣？測試的結果是 yes！這下引起我想進一步瞭解之心，於是上網搜尋了一下。哇，非常有可能耶！例如，近幾年有不少學者陸續從考古、文化、血緣提出台灣是南島的原鄉，台灣的老祖宗移民至紐西蘭。英國《每日郵報》就曾報導，經過最新的 DNA 比對研究，紐西蘭毛利人以及大多數大洋洲島民的祖先來自台灣。

　　2006 年，前台中市長胡志強曾在訪問紐西蘭時，在奧克蘭戰爭紀念博物館中，發現官方文獻記載：「毛利人是 4000 多年前從台灣移民到紐西蘭。」而且紐西蘭毛利人也多認為自己的祖先來自台灣。在毛利人的傳說中，祖先是從一處叫做「哈瓦基」（Hawaiki）的地方飄洋過海來到紐西蘭。科學家認為，「哈瓦基」非常有可能就是台灣東部的花東縱谷。我 BK 測試一下，結果是 yes。

　　紐西蘭毛利部落和台灣阿美在文化上有許多相似之處。毛利部落傳統領袖 Arapeta Hamilton 確信祖先來自台灣，因

為阿美族的語言、刺青、彫刻圖騰，都與他的部落相同，甚至是一種用腿部揉搓草繩的編織技術，也只有在台灣跟紐西蘭見過。而且毛利人的語言也跟台灣阿美族十分接近。

毛利人少女 Te Aranga Mai 特別穿著阿美族服飾與大家一起跳舞，發現雙方的舞蹈非常相像，覺得親近又自在。那麼，紐西蘭原住民毛利人的祖先來自台灣來的阿美族？我的測試結果是 yes。

我覺得這也是 BK 測試的一個好處，它促使我對原本不以為然的事情不是只停留在存疑狀態，而是以正向開放的態度進一步去探究真相。

大膽的「假設」這種思考方式對現代科學的開展非常有幫助，我們不妨將測試的結果當作一種大膽的假設來看待。許多神話或傳說常被視為無稽，人類學家或考古學家不妨用 BK 測試探究一下有些神話或傳說的 yes／no，參考一下無妨。

✦ 傳說中高度文明的亞特蘭提斯到底在哪裡？

我第一次看到「亞特蘭提斯」這個名字是在被譽為大師中的大師──彼得・杜拉克《旁觀者》這本篇篇引人深思的回憶錄一開頭。

彼得杜拉克這本回憶錄共分三大部、共十五章。第一部

的名稱就叫做「來自亞特蘭提斯的報告」。一開頭就寫道:「從前從前,有座大陸叫做亞特蘭提斯,因驕傲、自大和貪婪而沒入海中。有個水手在船觸礁之後,發現自己身在其中……那個從陽世來的水手,目睹了一切,頓時目瞪口呆,他知道自己要小心不被發現,要不然,永遠見不到陸地與陽光,享受愛情、生命與死亡。」

　　我看不懂杜拉克為什麼要把這段文字寫在他自己數十本著作中最喜愛的一本的一開頭。由於我要為這本書中文版寫序,就反覆研究這段文字和後面的五章到底有什麼關係,只能約略感覺是有關歐洲社會當時人心的虛假與腐化,但還是不解杜拉克寫這段文字的真意。不過從此以後我會留意並細讀接觸到的有關亞特蘭提斯的資訊。

　　亞特蘭提斯是一個傳說中高度文明的國度,曾和雅典爭戰過。最早記述亞特蘭提斯的是希臘偉大的哲學家柏拉圖,在距今一萬兩千年前在一夜間沉沒於大海中。

　　柏拉圖之後,有關亞特蘭提斯的書數以千計,其中大部分純屬空論。不過,有一些書籍是有科學根據的。全球有超過一千處都被懷疑是亞特蘭提斯。我打算測試下列七處被懷疑過的地點:

❶台灣

❷直布羅陀海峽一帶的大海之中

❸愛爾蘭

❹古巴海域

❺地中海中的克裡特島

❻地中海中的賽普勒斯南部海域

❼西班牙海域

　　台灣被好幾位專家懷疑是亞特蘭提斯，理由是有相似的形狀、河流、河口、產金沙等十幾個證據，是排名第一的地點；古巴海域還發現海底有人面獅身像及四座金字塔；之前電視新聞也曾報導在西班牙海域海底發現疑是亞特蘭提斯遺址，可見亞特蘭提斯的探尋依舊熱門。

　　亞特蘭提斯到底在何處？一般研究方法要判定很難，霍金斯博士也只測了亞特蘭提斯的意識能量水平是 290（請參看附錄三，P.245），但我們不妨為這個「開放性問句」用我們的方式進行 BK 測試。雖然「開放性問句」查找起來很費時間，而且不一定找得到，但值得一試。

　　我先測歷史上到底有沒有亞特蘭提斯，結果是 yes。如果結果是 no，那接下來一切就沒什麼好測的了。接著測是否在

大約一萬兩千年前於一夜間沉沒於大海中，結果也是 yes。

　　然後我針對以上七處進行 BK 測試：

　　❶測陳述：「亞特蘭提斯在台灣」，結果是 no。

　　❷測陳述：「亞特蘭提斯在直布羅陀海峽一帶」，結果是 no。

　　❸測陳述：「亞特蘭提斯在愛爾蘭」，結果是 no。

　　❹測陳述：「亞特蘭提斯在古巴海域」，結果是 no。

　　❺測陳述：「亞特蘭提斯在克裡特島」，結果是 no。

　　❻測陳述：「亞特蘭提斯在賽普勒斯南部海域」，結果是 no。

　　❼測陳述：「亞特蘭提斯在西班牙海域」，結果是 no。

　　以上七個地點 BK 測試結果都是 no，怎麼辦？

　　我於是做了一個大膽的陳述測試：「近兩千年來人類曾經推測過的亞特蘭提斯可能的地點中，沒有一個是正確的。」結果是 yes。哇，竟然如此！這時我一方面有些欣喜，還有機會「探人所未探」；另一方面也開始苦惱，茫茫大海從何尋起？

　　皇天不負苦心人，有一天我測陳述：「亞特蘭提斯在紅海」，結果是 yes。哇，終於測到了！

　　我在想，為什麼幾千年來大家都忽略了紅海？第一個可

能是傳說中亞特蘭提斯在一夜間沉沒於大海中，所以幾千年來大家都往大海尋找，而忽略了狹小的紅海。傳說中亞特蘭提斯和雅典爭戰過，雅典在地中海邊，一萬兩千年來地殼變化不大，按理距離雅典太遠的地點實在不應考慮，但往大海尋找的心智模式竟使人認為亞特蘭提斯在台灣、愛爾蘭、古巴海域這些遙遠的地點。

上面七個猜測的地點中只有克裡特島和賽普勒斯南部海域距雅典比紅海近些，且在地中海中，而紅海則距雅典稍微遠一些，又不在地中海中，而古代還沒有連通紅海與地中海的蘇伊士運河，從紅海要北上走一段陸路才能抵達地中海。這可能是猜測克裡特島和賽普勒斯南部海域的專家們忽略了近旁的紅海的原因。大家覺得我的分析有沒有點道理？

所以對歷史及考古有興趣的人，不妨用 BK 測試來瞭解許多歷史上的記載的真實性，或是對有些爭論已久的議題或懸案做一個測試。

◆ 測一些台灣知名的企業家

由於霍金斯博士測了一些美國知名的企業家（請參見附錄三，P.231），所以我也測了一些台灣知名的企業家。與美國知名的企業家比起來，有些台灣知名的企業家意識能量水

平明顯高了許多，這眞是令人欣喜之事。

人物	能量水平	人物	能量水平
鴻海集團，郭台銘	497	台積電，張忠謀	498
宏碁，施振榮	698	聯發科，蔡明介	699
潤泰集團，尹衍樑	799	肯夢 AVEDA，朱平	799
大立光，林恩平	947		

　　我也測了一些令我敬佩的台灣企業家，識能量水平都非常高。我將他們所經營的企業也做了一些簡單的介紹，大家可以上網瞭解有關他們的資訊。

半畝塘，江文淵 996

　　「半畝塘環境整合」是一個以土地關懷及環境友善為任的建築公司，以「開發一塊地還給地球更多的綠」爲信念，在新竹市居然創建出能出現螢火蟲的綠建築大樓。

富勝紡織，柯漢哲 996

　　超級球星巴西的內馬爾和葡萄牙 C 羅身上穿的都是台灣製造的環保球衣。這種利用回收寶特瓶製成的布料比棉輕又吸水，其球衣更加輕薄、吸汗並提供優越的空氣流動性與活動性。且製程中省下 30％的能源，可以減少更多的汙染。富

勝紡織是這領域的先鋒企業。

速跑得機械公司，劉大潭 996

這是一家小公司，劉大潭身患小兒麻痺，從小難忍能忍、難行能行，創業時以「關懷」二字為理念，造福人群。

◆ 為什麼有些台灣企業家的意識能量水平那麼高？

常協助我做測試的詹皓鈞先生有次曾問我：「為什麼我們測出有些台灣企業家的意識能量水平那麼高？甚至高達996，比美國企業家高很多！」我也想過這個問題，起初認為一定是自己測錯了，就反覆測、換人測，結果還是一樣。而且我是很忠實的進行測試，但結果就是如此，究竟為什麼會那麼高呢？

一個華工的小故事給了我啟發。這個華工叫丁龍（Dean Lung），出生於廣東，到美國擔任一位富豪的傭人。這位富豪脾氣非常暴躁，某次酒瘋發作，暴打了所有僕人然後開除，但酒醒後卻發現丁龍不僅沒走，還像往常一樣給他送早餐。富豪好奇丁龍留下的原因，丁龍說自己知道富豪因為酒醉才如此，不是有意的，其實是一個好人，所以不會放在心上，因為孔子教誨為人處事要忠、要恕，一旦跟隨某人就該盡忠

職守，所以沒有走。富豪驚訝於這個卑微的中國人居然有這樣偉大的思想，對他非常敬佩。

後來富豪問丁龍有什麼夢想，丁龍說他想把自己一生的積蓄捐給美國的一所大學，讓它建立研究中國的科系，希望美國人了解中國，如果美國人了解中國文明、研究中國文化，了解中國人的善良、勤勞、謙遜、厚道，一定會跟中國人做朋友的。後來，丁龍把積蓄捐給哥倫比亞大學，表示希望能成立中文系，但距實際所需經費甚遠，這位富豪毅然捐出數十倍的資金助丁龍圓夢。這就是哥倫比亞大學東亞系「丁龍漢學講座教授」的由來，這個榮銜是東亞系的最高榮譽，迄今只有四位教授榮膺。丁龍讓漢學研究走入美國高等學府，開啟美國大學第一個中文系，也使得哥倫比亞大學成為美國漢學研究重鎮。

我用 BK 測丁龍的意識能量水平，哇，一個平凡卑微的華工竟高達 996。我繼續探究，這主要是源於丁龍服膺中國傳統文化古聖先賢的教誨。中國古稱神州，中國文字有別於所有其他文字，相傳漢字是神傳文字；中國傳統文化相傳是神傳文化，有更高更深的內涵，其意識能量水平也就較高了。

附錄三我們測了台北故宮博物院，高達 996，也是因為內藏許多中國傳統文物，蘊含更高、更深的中國傳統文化內涵，

下面對此有更深入的探討。我相信這也是那幾位台灣企業家意識能量水平那麼高的緣由。

◆ 達文西和蒙娜麗莎

我曾測出達文西這位舉世公認的大天才是負的，而「蒙娜麗莎」這幅可以說是世上最著名的油畫則測出是 1，這樣的結果對於崇拜達文西的我來說實在太意外了，我反覆或換人忠實的測都是如此，但又不知為何會如此，直到我讀了一本高層次修煉的經書《精進要旨》中的一篇文章〈溶於法中〉才了解為何會如此。文中論述什麼是好人、甚麼是壞人：「不是有人表現出幹壞事了，此人就是壞人；幹好事了，此人就是好人。有的人滿腦子都是壞思想，只是沒表現出來或更加隱蔽圓滑，但此人卻是真正的壞人；而有的人本來不錯，只是偶爾幹了錯事，此人不一定是壞人。」

達文西腦子裡裝的是什麼？我們無從知悉，但 BK 能測出其是好是壞。有位絕世高人在羅浮宮看到「蒙娜麗莎」這幅畫時曾表示背後有很不好的東西，BK 測出是 1，原來如此。

◆ 歷任總統和政治人物的意識能量水平

如果我們測中華民國政府在台灣歷任總統的意識能量水

平，蔣中正總統是最高的，900多。但是如果我們測哪一位總統對台灣最有貢獻，蔣經國總統排第一。這又一次讓我們體驗到測試的重點不同，結果很可能就不同。陳水扁總統199，算是中間，因為比他低的還有三位。

霍金斯博士測過全人類約有80％的人意識能量水平是200以下，只不過政治人物200以下的百分比高些，他測柯林頓總統、小布希總統、女國務卿萊斯都是170（參見附錄三）。台灣知名政治人物的意識能量水平大多都是200以下，是負的，連戰165，宋楚瑜165。

200以上的不多，我以前測過施明德300多，最近下降了些；沈富雄490多；朱立倫490多；立委許淑華799；高金素梅799；柯文哲以前是200以下，2014年上任臺北市長前三個月忽然提升至600多，我測出的原因是他那時做了件上天讚許的大好事。

但人的意識能量水平是會起伏變化的，上一章中測出希特勒15歲時是430，後來不斷下滑降到40。川普15歲時是300多，40歲時100多，當選總統一年以後650，目前是699。所以，只要我們還活著，意識能量水平就有提升的機會。第十一章中用BK所測到的生命的高槓桿解就可快速幫助我們提升。

　　以上測試的結果一定有人不喜歡，沒辦法，你我身體肌肉抗力的反應就是如此，我只是誠實的測試然後忠實的寫出來而已。等你學會後不妨自己測測看，應該和我所測的差不了多少。

◆ 霍金斯測戰爭給我們的啓發

　　在《*Truth vs Falsehood: How to Tell the Difference*》書中（附錄三會有較詳細的介紹），霍金斯博士測了不少戰爭的意識能量水平，帶給我們許多啓發。他測的戰爭計有滑鐵盧戰役、第一次世界大戰、第二次世界大戰、韓戰、越戰、冷戰、波斯灣戰爭及伊拉克戰爭。

　　我們先挑其中一些戰爭看看他所測出的一些關鍵因素的意識能量水平。

❖ 滑鐵盧戰役

人物	能量水平	人物	能量水平
威靈頓公爵	420	拿破崙	75

❖ 第一次世界大戰

人物	能量水平	人物	能量水平
美國威爾森總統	400	德皇威廉二世	165

❖ 韓戰

國家	能量水平	國家	能量水平
美國	300	南韓	300
北韓	80		

❖ 越戰

項目	能量水平	項目	能量水平
美國早期	405	美國晚期	350
美國軍隊	335	反戰	201
美國媒體	185	北越	40

❖ 冷戰

項目	能量水平	項目	能量水平
美國方面	400	甘迺迪總統	430
尼克森總統	400	美國 CIA	185
美國媒體	215	蘇聯方面	75
赫魯雪夫	80	布里茲涅夫	90
蘇聯 KGB	40	西德	318
東德	165		

❖ 波斯灣戰爭

項目	能量水平	項目	能量水平
美國的立場	400	美國軍隊	310
伊拉克總統海珊	95	科威特	195

　　以上用 BK 所測出的意識能量水平是不是很有意思？戰爭或戰役的結果很明顯的與交戰國的一些關鍵因素的意識能量水平相關。像滑鐵盧戰役、第一次世界大戰、韓戰、冷戰及波斯灣戰爭，勝方的意識能量水平遠高於負方，且勝方的意識能量水平多是正的，負方的意識能量水平多是負的。

　　越戰比較不一樣，雖然美國的意識能量水平比北越高，但美國晚期意識能量水平下降，加上反戰和美國媒體識能量水平是負的，導至美國後來灰頭土臉地自越南撤軍。

　　接下來看看霍金斯博士如何用 BK 測試伊拉克戰爭。

❖ 霍金斯博士用 BK 測試伊拉克戰爭

項目	能量水平	項目	能量水平
美國總統的立場	460	包威爾國務卿的立場	460
美國國防部長的立場	460	美國軍方意圖	450
美國國務院的意圖	450	美國國會的意圖	450
美國大眾	431	美國媒體	320
福斯新聞	420	CNN 新聞	290
CBS 新聞	255	NBC 新聞	255
波士頓環球報	195	紐約時報	190
美國情報工作	190	英國首相布萊爾的立場	440
英國的立場	355	伊拉克總統海珊	95
伊拉克軍事頭目	65	伊拉克的媒體	140
伊朗的立場	185	以色列的立場	180

| 土耳其的立場 | 165 | 敘利亞的立場 | 130 |
| 聯合國安理會 | 190 | 聯合國安理會對美國的立場 | 135 |

　　霍金斯博士對伊拉克戰爭測的項目較多。美英兩國的意識能量水平比伊拉克高很多，《福斯新聞》和《紐約時報》對此戰爭的意識能量水平正負差距頗大，美國情報工作對此戰爭的意識能量水平是負的，難怪提供錯誤情報誤導美英出兵伊拉克，而受世人詬病。再接著下來看看霍金斯博士如何針對更多項目測試第二次世界大戰。

❖ 同盟國方面

項目	能量水平	項目	能量水平
邱吉爾	510	羅斯福總統	499
杜魯門總統	495	艾森豪元帥	455
麥克阿瑟元帥	425	美國政府	395
史達林	90		

❖ 軸心國方面

項目	能量水平	項目	能量水平
二戰時的希特勒	45	隆梅爾將軍	203
墨索里尼	50	日本政府	130
日本天皇裕仁	200	山本五十六大將	205

　　勝方同盟國的意識能量水平遠高於負方軸心國。

再看看交戰國雙方一些因素意識能量水平的對比：

項目	能量水平	項目	能量水平
美國軍隊	315	德國軍隊	205
諾曼第登陸	365	納粹侵略歐洲各國	40
倫敦大轟炸	30		
美國情報員	295	日本東京玫瑰情報員	85
美國駐日大使館	300	日本駐美國大使館	55
美國對戰俘的方式	255	納粹對待戰俘的方式	70
日本對待戰俘的方式	40	集中營	3

也是勝方同盟國的意識能量水平遠高於負方軸心國。

針對日本偷襲珍珠港，霍金斯博士用 BK 測試如下：

項目	能量水平	項目	能量水平
日本偷襲珍珠港	45	在珍珠港的美國軍隊	250
在偷襲珍珠港前的美國情報工作	190		

　　由意識能量水平的角度來看，日本偷襲珍珠港是非常負面的能量，是一種卑鄙、貪婪的行為。其次，在珍珠港的美國軍隊能量是正面的。而在偷襲珍珠港前的美國情報工作能量是負的，表現不好。

　　霍金斯博士不是軍事方面的專家，卻只針對有限的一些因素做 BK 測試，就顯示出通常勝方意識能量水平是正而高

的，負方意識能量水平是負而低的。但是像越戰那種戰爭他也會測些當時的一些情況，如反戰與媒体的意識能量水平及美國後來對此事識能量水平的下滑，看看是否與越戰的結局相符。對第二次世界大戰他所測試的項目就更多了，還對交戰雙方諸如對待戰俘的方式的意識能量水平做了比對，也針對日本偷襲珍珠港事件測出其意識能量水平是非常負的數值40，是一種卑鄙、貪婪的的行為。

綜合而言，我覺得霍金斯博士由意識能量水平的角度來分析戰爭或戰役很有參考價值。他用 BK 測戰爭或戰役的意識能量水平也是一項新的嘗試，不是像以前那樣只測一個項目，而是嘗試測一個大而複雜的人類活動中的許多項目；嘗試測這許多項目中某些他認為較關鍵的項目；嘗試測一些當時發生的事情的意識能量水平看看能否更合理解釋結局。

當然，真要做嚴謹的研究還要專家合作去測更多的戰爭或戰役。中外歷史上就有許多戰役值得測試，尤其是一些以寡擊眾的戰役，像岳家軍大敗金兵、斯巴達國王率 300 勇士誓死抵禦波斯百萬大軍的傳奇事蹟等。

除了戰爭，還有許多大而複雜的人類社會活動值得我們用 BK 測試來協助研究。例如，企業或任何組織的運作就有許多課題可用 BK 測試來協助研究。附錄三中所測世界各國

或地區都有其意識能量水平，爲什麼有高有低有正有負？爲什麼是那個水平那個分數？爲什麼印度 355，埃及 350，而先進強國法國只有 305。

以色列只有 190？當然國家或社會要比企業或組織更大而複雜，到底是哪些因素決定了她的意識能量水平？像不丹這個人均 GDP 僅 700 多美元的貧困小國意識能量水平 421 是全球最高的之一，2010 年也被評爲幸福指數全球最高。西藏有不少質樸、虔誠而有深厚宗教信仰的人民，我們也測出她的意識能量水平是最高的 421。所以除了政治、社會、經濟等方面外，應該還有其他方面可用 BK 來探究。

當然這些探究都需要許多專業的知識與資訊。所以我們希望以後 BK 測試不僅能協助單一項目的專業人士進行合作研究，還可以協助一些大而複雜的領域的專業人士進行合作研究。

◆ 四平一役大勝，蔣中正爲何下停戰令？

《中國時報》於 2019 年 1 月 16 日人間副刊刊登了白先勇《八千里路雲和月》一書的代序〈走過歷史的長廊〉。白先勇在文中論及國共內戰開始時，國軍數量遠多於共軍，作戰經驗及武器配備也遠遠超過共軍，爲什麼軍事仍節節敗退？

他說國民政府會在大陸失敗有多重原因，但至今歷史專家一致評定，軍事失利是其中首因。

他父親白崇禧生前論及國軍在大陸戰敗，他認為最關鍵的一役，其實還不是在 1948 年底的徐蚌會戰，而是遠在 1946 年夏的東北第一次「四平街會戰」，已經種下了禍根敗因。他父親一向喜怒不形於色，是個涵養極深的人，可是每論及四平一役，扼腕頓足，激憤之情溢於言表，可見他對此役功虧一簣，抱憾之深。

1946 年，中共將領的「常勝將軍」林彪占領東北四平，毛澤東下令死守四平。3 月下旬，新編第一軍乘美艦在秦皇島登陸，同時第一軍軍長孫立人被派往美國參加聯合國軍事參謀團會議。可是東北保安司令杜聿明攻不下四平，蔣中正急電孫立人返國指揮新一軍。5 月 15 日夜，孫立人趕到新一軍軍部，連夜制定攻擊計畫。

5 月 16 日，新一軍官兵見軍長回來了，士氣大振，奮勇猛撲林彪防線。5 月 17 日首先突破防線攻占據點。國防部長白崇禧亦飛赴東北督戰，召開軍事會議調整作戰部署，5 月 19 日徹底攻克。國軍數月來與共軍對峙的僵局，孫立人等新軍將領只用三天就攻克，國軍大勝。

林彪軍隊大敗後，速往哈爾濱撤退，只剩幾萬殘兵。孫

立人率軍追過松花江，只離哈爾濱六十公里。白崇禧極力主
張趁勝追擊，一舉殲滅林彪殘部，東北可能就此穩定，國共
內戰會完全改觀。此時正值馬歇爾來華調停，不斷向蔣中正
施壓，為迫使國共停戰不惜以美國援華五億貸款為要挾，敦
促東北國軍停止追擊到松花江南岸為止。蔣中正乃突然下了
非常有爭議性的停戰令，遂失去了國軍唯一取勝的機會。由
此林彪敗部復活，最後席捲東北。

　　蔣中正為什麼貿然下令停戰？這個謎團我用 BK 測試其
主要原因，結果除了馬歇爾調停施壓外，還包括蔣中正不容
孫立人的桀傲不馴及對孫白二人軍事能力及領導才華的顧忌，
不願給他們建立彪炳戰功的機會。重複測試均如此。

　　歷史上還有各式各樣的謎團，都不妨用 BK 測試了解一
下。

第三部分　BK 測試
更高層次的探究

霍金斯博士在他書中提到 Divine（神、神性、高層生命）
的意識能量水平是 1000 到無限大，是超高正能量。我很想
要往高層次探究，看看有沒有辦法具體測出數字來，最後
成功的發展出一套能夠用 BK 測出超高正能量的數字系統。

第十章

創建衡量巨大數字的系統
及測出極高正能量

　　本章將忠實的介紹我探究超高層正能量的歷程。我先介紹如何創建一套或許是人類有史以來最大的能衡量非常巨大數字的系統，這部分我爲了較詳細的介紹測試的過程，或許有些枯燥乏味，所以你不需要太花心思細讀。

　　接著我用這套衡量系統測出極高正能量的音樂，探究更高層次的眞相；並在下一章中測出高得聳人聽聞的畫作及用一些預言協助我瞭解那幅畫作中更深的內涵，進而找到「生命的高槓桿解」，我認爲這是 BK 測試對人類最重要的貢獻。

◆ 研究團隊窮究無限，在霍金斯博士的基礎上繼續探究神性領域

　　我認爲霍金斯博士在衡量他所想要研究的人類意識能量水平時，是經過不斷調整，最後選定以 10 爲底數的 log 值從 1 到 1000 這個尺度，因爲這尺度對他的研究來說較恰當，且

具有區別性。但對 Divine（神、神性、高層生命）層次的探究就不適合了。

　　霍金斯博士在 2006 年出版了《*Transcending The Levels of Consciousness*》一書，前面數章詳細介紹意識能量水平 20、30、40、75、100、125、150 及 175 的人的心理及精神狀態，並列舉出吸引他們的各種態度，都是一些屬於那個意識能量水平層次的負面態度，他們喜歡沉溺其中。他也列舉出他們所排斥的各種態度，竟然都是可以幫助他們提升的高意識能量水平的正面態度。霍金斯博士的分析當然強而有力的讓我們瞭解到：「噢，原來如此，難怪那些負面的人很難以助其改善。」霍金斯博士悲觀的認為，除非接觸到「超高正能量」，否則這些人很難跳脫負面狀態。

　　我們的研究發現，其實霍金斯博士所謂的「超高正能量」在幫助那些負面的人提升也是很有限的，只有我們在下一章所介紹的「生命的高槓桿解」，才能真正幫助這些人在短時間內跳脫負面狀態。

◆ 開始往如何衡量超高正能量的方向研究

　　霍金斯博士在書中提到 Divine 的意識能量水平是 1000 到無限大，是超高正能量。所以我就開始往超高正能量的方

向研究。

如果我們測大家所熟悉的佛、道、神，就會測出：是1000 以上，yes；是一萬以上，yes；……是一兆兆兆以上，yes；──測了很久還是測不到頂，最後就不想再繼續測下去了，反正是只要陳述是 1000 到無限大，反應就是 yes。

❖ 以比較方式測意識能量水平 1000 以上者

後來我就發現了一個「用比較的方式」來做測試。比如說，陳述「《圓覺經》的意識能量水平比《金剛經》高」，結果是否定的；陳述「《金剛經》的意識能量水平比《圓覺經》高」，結果是肯定的。這樣我就用比較的方式測知《金剛經》《心經》《圓覺經》《易經》《道德經》《聖經啓示錄》等能量超高的經典中哪個比較高，哪個次高……。也比較了釋迦摩尼佛、藥師佛、大日如來、阿彌陀佛、老子、太上老君、玉皇大帝、元始天尊、鴻鈞老祖、耶穌基督、耶和華等高層次的佛道神。

由於還是沒能測到超高正能量具體數字有多高，我不死心，就去網上找數學上最大的數字計算單位來測。《佛經》中有阿僧祇（10 的 104 次方）、那由他（10 的 112 次方）、不可思議（10 的 120 次方）。《孫子算經》一書中也記載了

中國古代的數字計算單位：個、十、百、千、萬、億、兆、京、
垓、秭、穰、溝、澗、正、載、極；萬萬兆曰京，萬萬京曰垓，
萬萬垓曰秭……恐怕知道「京」的人已經不多了，更別說秭、
穰、溝、澗、正、載、極。例如以老子為例，我用了其中最
大的數字計算單位「極」來測，陳述超過多少多少「極」，
yes；就再加大，再測……如此測許許多多次；有時我會故意
陳述「低於」x，就是 no；意思就是還沒測到，還要繼續往上
測，比 x 還要更大；但又測不出來，真不知如何是好！

◆ 如何成功發展出一套能衡量非常大數字的系統？

　　後來我不斷思考，終於發展出一套能衡量非常大數字的
系統，終於測到了上面提到的經典和佛道神的能量水平。我
是如下發展這套系統的。

　　這是一般的 10 次方：

$10^1=10$，$10^2=100$，$10^3=1000$，$10^{10}=10000000000$，……

　　現在我定義：

$10^{10}=10U1$

$10^{100}=10U2$

10^{1000}=10U3

10^{10000}=10U4

10^{100000}=10U5

如此一來：

10U2 是 10U1 的 10^{90} 倍，10U3 是 10U2 的 10^{900} 倍，10U4 是 10U3 的 10^{9000} 倍，

10U5 是 10U4 的 10^{90000} 倍……也就是 10U 後面的數字每增加 1 就比原來大了許許多多倍，而且越到後來增大的倍數越驚人。那麼，我只要加大 10U 後面的數字，就可發展出一套能衡量非常非常巨大數字的系統：

10U1，10U2，10U3，10U4，10U5，10U6，10U7，10U8，10U9，10U10，10U100，10U1000，……

10U 萬，10U 十萬，10U 百萬，10U 千萬……

10U 億，10U 十億，10U 百億，10U 千億……

10U 兆，10U 兆^2，10U 兆^3，10U 兆^4，10U 兆^5，10U 兆^6，10U 兆^7，10U 兆^8，10U 兆^9，10U 兆^{10}，10U 兆^{11}，10U 兆^{12}，10U 兆^{13}，10U 兆^{14}，10U 兆^{15}，10U 兆^{16}，10U 兆^{17}，10U 兆^{18}，10U 兆^{19}，10U 兆^{20}……10U 兆^{兆}

在 10U 這個系從中，我測出老子的意識能量水平超過 10U 兆 [15]，低於 10U 兆 [16]。上面提到的經典和其他佛道神的能量水平都測到了，大多超過 10U 兆，有些高達 10U 兆 [20]，真的是非常非常非常的高。

◆ 測出意識能量水平超高的音樂

有一次，一位聽過我演講的一家知名益菌飲料公司總經理和我說，統一麵包生產過程播放放莫札特的音樂，經科學檢驗證實，他們菠蘿麵包的酒石酸多了 11 倍，蘋果酸多了 5 倍，可提升能量波動值並增進健康。他說有一位有特異功能的朋友送了他某位修煉人的音樂作品〈得度〉，說是能量非常的高，要我測定一下。我測試時發現其能量水平居然超過我上面所定義的那套 10U 衡量系統中的 10U 兆[兆]。

這時我以 10U 兆[兆]爲基底，建立類似 10U 但以指數增大的更驚人的衡量系統：10W。

10W1 被定義爲 10U 兆＾兆＾兆＾兆＾兆＾兆＾兆＾兆＾兆＾兆＾兆，也就是 10U 兆的兆次方的兆次方……10 次；10W2 被定義爲 10U 兆的兆次方的兆次方……100 次；以次類推，直至 10W 兆。然後再增至 10W 兆[2]，10W 兆[3]……直至

10W 兆^{兆}。還是測不到〈得度〉的頂，就再以 10W 兆^{兆}為基底，建立 10X 衡量系統……依此類推建立 10Y、10Z、10A$_1$、10A$_2$、10A$_3$……的衡量系統。這種以指數增大的速度與幅度更是無比驚人。

或許有人會問，為什麼 U 後面不用 V，而用 W？

其實就像當初我隨意選用了 U 一樣，我只是覺得 W 的發音是 double U 就隨意選用了 W，沒想到要測的意識能量水平會大到還需要增加 XYZ。又或許有人會問，為什麼用 A$_1$、A$_2$、A$_3$，而不用 ABC？那是因為我擔心萬一還有更更高的意識能量水平要測試，ABCDE……很快就會用完了，A$_1$、A$_2$、A$_3$ 則可很方便地一直增大上去。後來發現我這個考量是正確的。

再回到剛才音樂作品〈得度〉意識能量水平的 BK 測試。

由於超過 10U 兆^{兆}，我們不得不一再增大測試系統，由 10W、10X、10Y、10Z、10A$_1$ 到 10A$_2$，花了許多時間和數千次的測試（有些受測者肩肌被按壓五、六次後肌肉就很痠了，當肌肉抗力減弱時就要停止測試。有時還要「回頭測」，以確定受測者對測試的抗力反應是否處於正常狀態；例如：測 x 超過 431，no；如果我覺得剛才受測者好像肌肉有些放鬆以致測出 no，這時我會「回頭測」x 低於 431，如果抗力正常應是

yes，如果這時反應是 no 就有問題，因爲不可能超過 x 和低於 x 同時都是 no，這時就要詢問受測者肩肌是否很痠了，如果他表示不痠，就可能剛才他用的抗力強度不一致，這時就再提醒他抗力要保持一致，並反覆測到確定爲止。所以爲了測〈得度〉這一項測試就花了不少時間與力氣），在陳述超過 $10A_2$ 兆^{兆}時，yes；接著下來是陳述超過 $10A_3 1$，終於測到一個 no，當時眞是無比興奮！皇天不負苦心人，〈得度〉的意識能量水平終於測到了，在 $10A_2$ 兆^{兆}和 $10A_3 1$ 之間。

至此，我用 BK 測試：「我是人類有史以來使用過最大具體數字的人」，yes。

爲什麼〈得度〉音樂的意識能量水平會如此之高？我認爲是它的內涵，也就是歌詞所揭露的眞相層次非常非常之高。原來眞相也是有層次的，不同層次有不同的眞相，層次越高越接近眞理。我用 BK 測這段看法，yes。

所以〈得度〉音樂的意識能量水平會如此之高是因爲歌詞所揭露的眞相層次非常之高，歌詞中有：「落入凡間深處，迷失不知歸路……得度，得度，切莫機緣再誤。」落入凡間深處……難道我們是從天上下到凡間的？難道我們曾是天界的高層生命？下一章介紹的畫作及後面介紹的一些預言進一步探討並回應了這些疑問。

◆ 意識能量水平超高的施測者能夠測出更高深的内涵

後來我發現，「施測者」意識能量水平的「層次」不同，測出來的結果有時也會不同。

我因修持高層次的修煉法門，意識能量水平不斷向上提升到了高層次，我在此不是想突顯自己，只是忠實的陳述測出來的實際情況，你若修持高層次的修煉法門，也可以自己測試看看，相信結果也會是如此。

所以當我發展出巨大數字測試系統時，我也能夠不斷的測定超高的意識能量水平，而 1000 以下的施測者就無法測出超高意識能量水平。爲什麼會這樣？打個比方，如果我們是在地表上的人，我們看高空的雲、星星、月亮、太陽都很高；但是如果我們有離開地表不斷的向上飛的能力，這時就會看到雲其實是貼在地表的，太陽離地球比月亮遠很多，而許多星星比太陽離地球遠太多了，這是在地表的人無法加以區分的。

在測出更深的内涵方面，舉例而言，如果我直接陳述：「測德蕾莎修女」，測出來的意識能量水平會是 798，但是霍金斯博士測出來的意識能量水平是 710（詳見 P.244 解說）。這時如果我的陳述改成：「依照霍金斯博士的 BK 測試方式測德蕾莎修女」，或是：「測德蕾莎修女在人類這個層次的

意識能量水平」，測出來的結果就會同樣是 710。這意味著德蕾莎修女有更高更深的內涵，我測試得到，但是霍金斯博士測不到。這就好比我們一般人只能看到這個空間的生命，而我認識的一些高人或是一些具有「陰陽眼」的人，他們還能夠看到另外空間的生命。

但測愛因斯坦等其他 99%的 BK 測試都不會有這個差別，這意味著他們不像德蕾莎修女那般具有更高更深的內涵。

另外，在附錄三中，霍金斯博士測的邪教狂熱崇拜是 50，我測試出來的是 1，這是因為我能測出它的背後還有邪靈附體，所以是 1。

整個人類都在一個層次當中，超過人類層次還有更高的層次，更更高的層次；BK 測試施測者意識能量水平的層次越高就能測出更高層次的真相。真相的層次越高越接近真理，越低離真理越遠。

第十一章

測出高不可測的「生命的高槓桿解」

建立了一套能衡量非常巨大數字的系統後，測定超高正能量就很方便。

◆ 測出意識能量水平更高的畫作

有一次，一位熟悉某種日本能量波動測試方法的台灣某大企業集團總裁，約我到他集團總部辦公室切磋彼此能量測試的方法。他要我測他辦公室中的一些傢俱及牆上的畫，我還記得有一個八角形古色古香的桌子，很是典雅；畫都是中國古畫，有些看起來像是古董。我一一測試，意識能量水平都很高，都是 900 多；這位總裁很高興。

旁邊有位總經理說別人送了他一幅複製畫，說是能量超高的，就回他辦公室拿來請我測。我測這幅畫的意識能量水平時大吃一驚，居然遠遠超過前述〈得度〉音樂作品。由於我已發展出一套能衡量非常大數字的系統，在測〈得度〉音樂時已經擴大至 10A₁ 這層級了，這時我只要在陳述時不斷加

大 i 這個數字，就可以不斷往上測。

　　我就不斷加大 i 測了許多次，終於測到了，在陳述超過 $10A_{兆}1$ 時，yes；……一直往上測到 $10A_{兆}9000$ 萬時都是 yes；但在陳述超過 $10A_{兆}$ 兆時，no；也就是在 $10A_{兆}9000$ 萬 和 $10A_{兆}$ 兆之間，真可謂高得難以想像。其實我還可以繼續更 細的具體測定這幅畫的意識能量水平，但我覺得沒那個必要， 而且要花太多時間，測出在這個超高的範圍之內就可以了。

　　那位總裁一看這幅畫能量這麼高，當場請請那位總經理 割愛，叫他再向別人要一幅。

　　這幅畫也是一位修煉人的作品「誓約」，畫的是許多雙 手持著「誓約」捲軸的佛道神，有男有女，有老有少，有看 起來像是中國人的、印度人的、西方人的……看起來像是由 天界往下走。

　　為何「誓約」這幅畫的意識能量水平會如此高的令人難 以想像？也是像我前面所分析的，真相也是有層次的，不同 層次有不同的真相，層次越高越接近真理。所以「誓約」這 幅畫所揭露的真相層次應該更高，更接近真理。

　　在前一章中我所提出的「難道我們是從天上下凡的？難 道我們曾是天界的高層生命？」這些疑問。細看「誓約」這 幅畫的內容，似乎在回應我的這些疑問。

　　既然 BK 可以用來測試真相，我何不用 BK 來探詢這些疑問？

　　先從我自己開始探究：BK 測試「我在不在『誓約』這幅畫的畫面中」，結果居然是 yes。我們再測我是畫面中的哪一位？逐個的測，最後測定是看起來最老的那位滿頭白髮連髮髻都白了的老道，反覆測都是如此。你整幅畫仔細瞧一定會找到那位白髮老道。有位有特異功能的天目開了的高人看著這幅畫指著那位白髮老道說就是我。

「誓約」作品。

　　蔡安和也存在畫面中，是接近最後方最左邊那位五官尚可辨認的帥哥。我們測研究室那時其他十四位學生，都不在畫面中。但是，如果我的陳述改為：「你在『誓約』這幅畫的概念

中」，這時再測我們研究室其他十四位學生，就都是 yes。

　　後來我到各地演講 BK 測試，如果時間充裕（大概兩小時），就有機會介紹「誓約」這幅畫及邀請一位現場聽眾到前面來做測試：「你在『誓約』這幅畫的概念中」，100%是 yes。然後我會陳述：「現場所有來賓都在『誓約』這幅畫的概念中」，也是100%是 yes，從無例外。後來我用 BK 測：「目前世上的人幾乎都在『誓約』這幅畫的概念中」，也是 yes。哇，這太驚人了，也太重要了，因為這間接的回答了一個哲學層次的問題：人為何而生？是有目的的嗎？還是偶然的？如果是有目的的，那麼人來到世上真正的目的到底是什麼？

　　「誓約」這幅畫及這些測試揭露了一個很高層次的真相：我們大都曾是天界的高層生命，因為某種緣由立了誓約由天上下到凡間。但到底是什麼緣由呢？有什麼其他資訊可以讓我們多瞭解一些有關「誓約」這幅畫所蘊含的真相呢？

　　後來我在劉伯溫著名的預言《燒餅歌》中找到了，非常驚人。如果那是真的，對你我，對全人類，甚至對整個穹體，也就是最大的這個宇宙，都無比重要。

◆ 中國預言中正確度最高的是劉伯溫的《燒餅歌》

　　我測試過中國許多預言的正確度，其中正確度最高的是

明太祖的國師劉伯溫著名的預言《燒餅歌》。其中有這麼一段：「上末後時年，萬祖下界，千佛臨凡。普天星斗，阿漢群真，滿天菩薩，難脫此劫。乃是未來佛，下方傳道，天上天下諸佛諸祖，不遇金線之路，難躲此劫，削了果位末後勒封八十一劫。」

以下的分析與解說有一些些複雜，為了說明清楚，有些文句會反覆出現，尚祈見諒。

先看「上末後時年，萬祖下界，千佛臨凡。」大家不妨對照一下前面介紹的「誓約」這幅畫就是在描繪這個情景：「萬祖下界，千佛臨凡。」許多佛道神由天上下到凡間。

各位可還記得在明白「誓約」是在描繪許多高層生命由天上下到凡間之時，我萌生了一個新的疑問：「倒底是什麼緣由，這些佛道神要來到人世間？」若換成《燒餅歌》的文句就是：「為什麼萬祖要下界，千佛要臨凡呢？」《燒餅歌》接下來的文句提供了萬祖千佛之所以要下界臨凡的原因：「普天星斗，阿漢群真，滿天菩薩，難脫此劫。」這是由於最大的宇宙已經經歷了「成住壞」的階段，如果不派代表下來，將面臨「滅」的可怕結果：「普天星斗……難脫此劫。」——最大的這個宇宙中的許多天體，都要毀了。現在天文學家也觀察到了許多星球、星系、天體瞬間爆炸的可怕景象。「阿

漢」指的是佛家的阿羅漢，「群眞」指的是許多道家修道得道的眞人，普天星斗如果都爆炸了，「阿漢群眞，滿天菩薩」也將「難脫此劫」。

要如何逃離此劫？這許多佛道神由天上下到凡間來，就是想要找到方法逃離此劫。什麼方法？答案在《燒餅歌》接下來的文句：「乃是未來佛，下方傳道，天上天下諸佛諸祖，不遇金線之路，難躲此劫……」

也就是說：如遇「金線之路」，就有機會逃離此劫。那麼金線之路到底指的是什麼？其實就是前面那句「乃是未來佛，下方傳道」，未來佛所傳的道就是「金線之路」（「金」代表極其珍貴，「線」代表極其細微，機會極微，千載難逢，金線之路代表極其珍貴、千載難逢的大法大道）。

釋迦牟尼佛也有預言，說到了末法時期，他的法已經不能度人了，那時天上最大的法輪聖王，也叫轉輪聖王，將要下世傳法度人。

我也研究過一些其他民族的預言，《聖經啓示錄》中也對世界末日時的可怕情節做了描述。但絕大多數的預言由於寫的都不太具體，不夠直接，有些模模糊糊，予人以穿鑿附會之譏，也有些可能是後人杜撰的，對我的說服力極其不足。

韓國的預言《格庵遺錄》是個例外，既不穿鑿附會，也

可證明不是後人杜撰的；而且一開頭就直接描述《燒餅歌》中的金線之路。

◆ 世上正確度最高的預言《格庵遺錄》

《格庵遺錄》是我所知世上最長的預言，我用 BK 測試發現它的正確度也最高。

大約 500 年前，一位當時韓國號格庵的著名學者在韓國聖山金剛山（現在在北韓境內）遇到一位大覺者，將此預言逐字傳給他而成《格庵遺錄》。共有 4824 句，全部用漢字以「破字法」寫成（韓國以前用漢字；破字法是以謎語寫成，要破解謎語才能瞭解）。

我請教過一位韓國友人，他說韓國歷史上有一些名著都有提到《格庵遺錄》，所以它不可能是後人杜撰的。韓國歷史上也有許多人想要破解它，一直到 1986 年才有韓國學者柳慶桓宣告將 4824 句全部詮釋，但太多誤謬。

2002 年，有位台灣法輪大法的修煉者破解了全書，我的一位博士生買了一本借我看。我覺得太了不起了，破得非常精彩而合邏輯，完全無法穿鑿附會。

為什麼我認為 1986 年韓國學者柳慶桓的詮釋太多誤謬，認為 2002 年那位台灣的修煉人破解得合邏輯，認為《格庵遺

錄》的預言完全無法穿鑿附會呢？那是因爲《格庵遺錄》的頭四句預言直接以破字法描述1992年才出現的「法輪圖形」，其描述完全無法穿鑿附會。

至於爲什麼完全無法穿鑿附會，抱歉，我難以在此用文字解釋，因爲必須當面用法輪圖形對照並仔細繪圖才能解說清楚。如果讀者眞想瞭解，我們可以當面交流，你就會瞭解那眞是完全無法穿鑿附會的。台灣那位法輪大法的修煉者他修煉所依循的經書《轉法輪》一打開就是一個法輪圖形，所以他能對照著法輪圖形來破解。沒有這個法輪圖形對照，韓國學者柳慶桓的詮釋就誤謬百出了。

《格庵遺錄》的第五、六句也指出《燒餅歌》的金線之路——法輪大法。我用 BK 測試《燒餅歌》中的金線之路指的是法輪大法，結果是 yes。也用 BK 測試釋迦牟尼佛的經書中所說的「法輪聖王」「轉輪聖王」和法輪大法有關，結果也是 yes。

◆ 找到了一個生命的高槓桿解——《轉法輪》

大家可還記得在序章結尾時我說：這些年我們的研究團隊花了很多心力，努力尋找提高心性的高槓桿解。《轉法輪》這本高層次的修煉的書不只是提高心性的高槓桿解，他對你

我生命的效益更是全方位的，我只能暫且稱之為「高不可測」的「生命的高槓桿解」。

這裡介紹一下我所謂的高不可測究竟高到什麼境界。還記得「誓約」那幅畫的意識能量水平在 $10A_兆$ 9000 萬和 $10A_兆$ 兆之間，如果我繼續把這個衡量系統的基底提高至 $10A_兆$ 兆，然後像前面那樣定義 $10B_1 1$ 為 $10A_兆$ 兆 ^ 兆 ^ 兆 ^ 兆 ^ 兆 ^ 兆 ^ 兆 ^ 兆 ^ 兆 ^ 兆，也就是 $10A_兆$ 兆的兆次方的兆次方……10 次，如此持續提高直至 $10B_1$ 兆；再定義 $10B_2 1$，如此持續提高直至 $10B_2$ 兆；再定義 $10B_3 1$，……$10B_兆 1$……$10B_兆$ 兆。依此類推我可繼續定義 $10C_i$、$10D_i$……直至 $10Z_i$ 衡量系統。大家知道這個衡量系統越大的數字每增加 1 就比原來大了許許多多倍，而且越到後來增大的倍數越驚人，$10Z_i$ 衡量系統實在已經高到難以想像的程度，但還是測不到《轉法輪》，所以我只能用「高不可測」來形容了。

如此高不可測的能量，使研究室的學生們經由閱讀《轉法輪》和打坐練功，在短時間內就大幅提升身心健康。其中有些甚至只是閱讀《轉法輪》，還沒開始打坐練功，身體或脾氣就開始大幅改善。這十五個學生裡，有心情很不穩定的、有心情容易受人影響的、有脾氣不好的、有對人生及未來茫然困惑而不愛念書並且只喜歡吃喝玩樂的、有常和人吵架的、

有脾氣暴躁的、有脾氣壞到和父親打架把整個房間的床都打壞的、有睡十二小時白天依舊精神不佳的、有經常失眠的、有長年嚴重經痛且有一點光就無法入睡的、有長年對魚蝦極度過敏的、有車禍膝蓋動手術後造成左右腳長度相差 7 公分且伴隨不少嚴重後遺症的、有長年患憂鬱症久治不癒的、有長達三年每分每秒全身肌肉疼痛想自殺的……在極短時間內，他們全部都能每天保持正面情緒、睡眠品質絕佳、精力充沛、道德提升、活得更健康自在。

　　他們到底是如何快速改善身心健康的？你可以用手機掃描下面的 QRcode，在線上觀看 Youtube 影片，瞭解此一生命的高槓桿解如何在我研究室許多學生身上快速產生實效的例證。

https：//youtu.be/onWNiU5eppM

　　那麼為什麼我們要錄這個影片，而且每位同學在影片中都會提到睡眠品質大幅提升，倒頭就睡，每天大多只需睡三個多小時左右？那是因為中山大學諮商輔導中心有鑑於全校約有 24% 的學生有憂鬱症傾向，他們大多睡眠品質不好；聽說我們研究室的學生身心特別健康，而邀請我去做一場對全

校學生開放的演講。我就拍攝了這段讓我研究室的學生們「現身說法」的影片，以便在演講中播放。

研究室的這批學生畢業已多年，有些失聯的學生實際情況我不清楚，但還有聯繫的，只要有持續修煉，身心狀態都很好。

◆ 另外兩個生命的高槓桿解 —— 神韻

既然修煉人的音樂作品〈得度〉和修煉人的美術作品「誓約」的意識能量水平都超高，我們的研究團隊有沒有測到其他意識能量水平超高的修煉人的「作品」，給大家參考呢？有，是兩個由修煉人組成的表演團體，你可能聽說過甚或欣賞過：「神韻藝術團」和「神韻交響樂團」。他們的意識能量水平更高，也是高不可測的生命的高槓桿解。大家可以上網看看他們的簡介及觀眾的反饋，進一步瞭解爲何他們充滿無與倫比的正能量。我在此謹提供一些觀眾的反饋資訊給你參考。

2008 年世界權威劇評家理查‧卡尼瑪（Richard Connema）觀賞神韻藝術團的演出後在「Talkin' Broadway」發表評論：「神韻……這才是最頂級的！1942 年迄今我看過三、四千個秀，沒有一個可以和我今晚看到的相比！」「我

被震懾住了，好得讓我無法用語言來形容。」他還表示神韻
所有的方面都令人驚嘆、美不勝收，他破例連看了六場，每
場只集中精力看一個部分。

　　被譽為大提琴女神的克莉絲汀‧瓦列芙斯卡於 2011 年觀
賞神韻藝術團演出後接受記著訪問時表示，這是她自 2008 年
以來第九度觀賞神韻：「這是個最好的、最好的演出！最棒
的、最棒的演出！真是太壯觀了。絕對是優秀中的最優秀，
是超凡的！」她每次看都感受到神韻給予她巨大的精神力量，
看完回家後都會浸潤在觀賞時的喜悅中達兩週之久。

　　神韻交響樂團於 2012 年正式成立於紐約，是年 10 月 28
日在世界音樂殿堂紐約卡內基音樂廳首演。紐約市政府當天
發布美國東北部有史以來最強超級颶風珊迪已逼近紐約的警
報，宣布當晚七點地鐵公車全面停駛。然而當天下午神韻交
響樂團演出滿場，加演了三個安可曲後，觀眾起立報以長達
十分鐘的熱烈掌聲。

　　榮獲七次艾美獎的作曲家和交響樂團指揮羅傑‧托曼
（Roger Tallman）說：「神韻交響樂團無與倫比，真是頂級
的藝術家。樂器的融合是西方樂器和中國樂器的結合，是我
們很難得能欣賞到的，真是完美的傑作。」

　　2018 年 10 月 14 日神韻交響樂團再度蒞臨波士頓交響音

樂廳。第二次來聆聽神韻交響樂的卡羅琳・華格納（Caroline Wagner）是聽力學家和音樂治療師，她激動的表示：「神韻音樂聽起來像是從天堂下來的聲音，無比美好，真正就像是天上的音樂，能夠治癒身心，真的起到這樣的作用，是我親身體驗到的，非常振奮人心。松果體被視為人類靈魂所在的位置，演出開始時，我的頭頂部位真的就像亮了起來，是我感覺到的，使我身心和靈魂結合得更加緊密，這是我剛剛聽神韻交響樂的感覺，滋養了我的心靈。對我來說，不知道是什麼原因，我感覺神韻音樂觸及了我的心靈。每一個樂曲都相互連貫，不管是能量或精神層次，都不斷地在提升，越來越深遠、遼闊。我切切實實感受到神韻交響樂的能量，非常美好。要達到身心和諧，最重要的是要觸及心靈，觸及最真實的自己，這很重要，音樂能達到這樣的效果，不過需要是好的音樂，壞的音樂則起著相反的作用。」

祝願你也有機緣接觸到這三個無比珍貴的生命的高槓桿解，找回身心靈的正能量，也能在短時間內健康大幅提升、活得更自在。

第十二章

結語

　　幾年前《蘋果日報》的一位記者在我們的公開演講中體驗了 BK 測試，覺得很神奇，就熱心的找了九家電視臺記者來中山大學訪問我們，並示範測試。第二天，我看到一些電視臺播出了我們的示範影片，可惜主播只訪問一些醫生的看法，那些醫生都持否定態度，都說不科學。關於這點，我們覺得以後電視臺應邀醫生或科學家和我們當面進行測試，不要僅以現有的科學理論來論證，應以科學求真的精神實驗求證。

　　也有些人試了一段時間後，做不出此領域巨擘霍金斯博士《心靈能量》書中所測出的結果，就在網路上發表「那些都是騙人的」言論；就連我們能測出和霍金斯博士同樣的結果（參見附錄三），他們也說是騙人的。對於這類質疑與批評，我們很希望那些人願意以科學的態度當面求證並做測試；很希望他們仔細檢驗我們的施測者與受測者有沒有串通作弊；很希望他們認真思考為什麼施測者用力時壓不下去，不太用力時反而壓下去了；這種有違常理的現象會不會讓人覺得很

奇怪？很希望他們這時能保持一種學習者的心態，暫緩用自己已知的常理來思考論斷這種奇特現象，先虛心承認自己並不瞭解其原因，進而好奇的想多深入探索些。同時，也很希望他們思考，為什麼重複測許多次或換不同的人來測都是同一結果。你若也懷疑 BK 測試，誠摯的希望你也能認真思考一下為什麼會這樣。

　　我們猜想，也可能是這些人對學習 BK 測試所需的條件與時間不夠瞭解所致。此外，許多聽過我們演講的聽眾對於如何執行也深感好奇，為了幫助讀者有系統且扎實的學習，我們特別在本書中詳細介紹測試的方法與注意事項。我們將過去國外學者所提出的基本測試方法，加上我們累積十多年的實測經驗，不僅在相關章節中介紹，還匯整於附錄之中，並且可讓你用手機掃描附錄二的 QRcode，在線上觀看示範的影片，這套附錄應該是目前最完整的 BK 測試教學指南。我們相信，只要真心想學，一定能學會這個用身體立即就能分辨好壞、真偽與善惡的好方法。

　　在序章中，我介紹了《第五項修練》作者聖吉認為「提高心性」是學習型組織的精義所在，但問題是我們該如何透過學習型組織的五項修練提高心性？我們又該如何知道心性提高了？有比較客觀的衡量方法嗎？有更高效的提高心性的

方法嗎？我想，本書不只為這些問句找到具體的答案，更探索了人類生活上與生命中許多重要的課題。但戴蒙醫生、霍金斯博士及我所嘗試的一切，雖看起來已涵蓋許多事物，卻其實只是冰山上的一小角，一個拓荒的起始，還有更廣大的荒原有待更多有志之士以開闊的心胸不計毀譽勇敢的去開拓。

　　具體而言，BK 測試只是一個方法，需要各領域的專家提供專業資訊，才能提出好的問題陳述來測試。像第九章中所介紹的辨識人格特質的「人類動力學」BK 測試就能快速測出該領域需要花六年時間及巨大費用才能培養出的專家們辨識的結果，而且還不斷創新，能測出每個人的人類動力學人格特質中三種核心能量所占的百分比，發展出能測得更深一層人類動力學人格特質的方法，以及能測出先天與後天的人格特質。

　　多年來類似這樣的測試經驗使我們深信，各個領域的專家如能與精熟 BK 測試者合作研究，甚至自己也學會 BK 測試，一定能幫助那個領域有更好的發展與創新。

　　走筆至此，我覺得本書所介紹的 BK 測試其實非常不同於其它肌肉測試，因為它在無形中蘊含著許多嚴格的條件，例如：施測者與受測者的必要條件；一些不宜測試的事情、環境與規定；以及其他許多注意事項。

日後 BK 測試有可能成為專有名詞以有別於一般肌肉測試。它如果能夠更嚴謹、健全而完整的發展與應用，將是人類實質上最有價值的一項發現，發現這個能幫助我們明辨是非、善惡、好壞、眞僞的藏在你我身體裡的大智慧。

希望大家能在本書的協助下開啓自己身體的智慧之門，從簡單而切身的測試開始，分辨一下生活中吃的、看的、聽的、穿戴的、使用的許多東西能量的正負，你會驚訝的發現我們生活的世界其實充斥著各式各樣的負能量，然後你的經驗與信心漸增，會逐步找到更多更高的正能量，使身心靈更健康，使生命充滿正能量。

最後，讓我們再回到序章：《第五項修練》作者聖吉認爲「提高心性」（metanoia）是學習型組織的精義所在，而系統思考高手追求的是「高槓桿解」；二者結合起來就是我在序章中所說的尋找「生命的高槓桿解」。十多年來我們努力鑽研 BK 測試，發展出第八章的第一個創新：爲「開放性問句」做測試；隨後又發展出第十章的第二個創新：創建衡量巨大數字的系統。這兩個創新協助我們探尋了第十一章中更高層次的眞相，終於以「超常科學」BK 測試的方法，爲人類找到無與倫比的正能量 —— 生命的高槓桿解。謹將此無比珍貴的禮物敬送各位。

附錄　BK 測試方法教學

在前面的章節中，或多或少都介紹了 BK 測試的方法及注意事項，但我們還是將其匯整在附錄中介紹，主要是方便想學習的讀者能夠更有效率的開始學習。同時也搭配了一些照片及影片，希望能幫助讀者更加瞭解各個步驟動作的竅門。附錄內容是本書作者及研究團隊整理過去專家所建議的方法，並加上我們多年實務的經驗匯整，應該是目前市面上所能接觸到較全面的 BK 測試方法的相關介紹。

隨著 BK 領域的發展，其測試方法也發展出幾種不同的形式，但是基本原理相同。因此在附錄中也會介紹幾種不同的測試方法供讀者練習，包含了比較經典的施測方法，以及我們在十多年間實際運用中揣摩出的經驗結晶。

此外，我們也會將這十多年中所遇到的各種情況跟讀者們分享，包含：施測者如何施力、受測者如何抵抗，測試相關準備及環境等因素，盡可能縮短大家的學習時間。當然這是一門還在發展中的領域，所以一直會有突破與創新。若你有實際練習上的心得或問題，可以回饋給我們，讓我們成為共同的學習夥伴。

附錄一

基本練習：驗證自己的直接 BK 測試正確與否

◆ **基本動作**

我們先從基本動作開始談起。主要是依據戴蒙醫生在《*Your Body Doesn't Lie*》書中的步驟。測試必須兩個人才能進行，其中負責施予壓力者為「施測者」，而使用肩肌承受壓力者為「受測者」。以下為基本動作說明：

❶受測者輕鬆站立，將一隻手（左、右手皆可）平舉至與肩膀水平的高度並將手肘伸直，與地面平行。另一手則自然垂放於身體側面。示範動作請參考下圖。

❷施測者面向受測者，將一隻手置於受測者自然垂放該手的肩膀上，作為穩定施力的支撐；另一隻手則是置於受測者平舉之手的手腕處，為另一個施力的支撐點。

❸施測者要先告知受測者要施力了，請受測者抵抗施測的力道，講完後雙手同時向受測者的肩膀以及手腕兩處施加壓力。這裡有一個關鍵：為了要讓兩隻手施力平均，施測者的身體可以微微向受測者方向傾倒。此時，施測者按受測者垂放那隻手（下圖示範為施測者的右手）的力道一定不能減

弱，不然難以達到「平均施力」這個重要條件。

❹在施力的過程中要注意兩邊的力量要平均、速度也要一致。當施測者發現受測者的肩三角肌自然的產生抵抗力時就可以停止施力，不要一直加壓讓受測者的肩肌感到疲勞。因為這個動作的目的並不在於「比力氣大小」，而是用來判斷受測者肩肌可承受的力道大小。我們將這個受測者經由施測者加壓後肩肌自然產生的抵抗稱之為「鎖住點」（原文為lock）。

　　「鎖住點」的位置因人而異，所以有經驗的施測者可以根據不同的受測者而做出不同力道的調整。可參考下面兩張比較圖：若受測者為較為有力的男生，施測者的左手可用兩指或是整個手掌感測受測者的「鎖住點」；若是受測者是力氣較小的女生或小孩，甚至可用一隻手指（你仔細看施測者

蔡安和此時其實只有一隻手指在壓）的力道即可清楚感受受
測者的「鎖住點」。

　　施測者只要先找到這個「鎖住點」，之後就可以用來作
為肩肌測試的結果參考，能夠鎖住表示正能量，肩肌鎖不住
而被壓下則為負能量，下圖為肩肌無法抵抗手臂被壓下之情
形。

　　除了基本的測試方式之外，楊碩英爲了演講時方便（因爲另一手要拿麥克風），逐漸的發展出用單手就能做 BK 測試的方式（將由楊碩英在附錄二中示範，P.217）。但還是建議有興趣的讀者朋友先從基本型來練習，因爲兩手平均施力比較容易感受到肩膀三角肌的反應，對於初學者掌握肩肌的反應狀態比較有幫助。特別提出楊碩英這個進階版的測試方式主要是提醒讀者們還有單手測試這種形式，並不是只有單一的方法才能進行。

　　在過往的推廣經驗中，許多朋友想要回家進行練習，因而會想知道怎麼樣才算「熟悉」這個方法，因此提供以下幾個練習題目以供有興趣者練習之用。

◆ 基本練習題一：測食物

BK 測試最經典的實驗就是測試食物的正負能量。

你可以先準備一點「精白糖」（就是一般喝咖啡時經常會加的白砂糖），另外再準備一點「黃砂糖」（二號砂糖）及一杯白開水。接下來我們會詳細的說明測試的每一個步驟，之後的說明就會省略其中某些部分。

❶請施測者與受測者按照先前所教的基本動作前兩步，做好測試姿勢。

❷請施測者先試壓受測者，以測出基本抵抗力道。

❸利用「希特勒」與「德蕾莎修女」作為前測，觀察受測者的肌肉反應是否正常。

施測者說：「測希特勒，抵抗。」然後施加壓力，受測者抵抗施測者的壓力。此時正常的反應為受測者肩肌反應無力而被壓下。

施測者說：「測德蕾莎修女，抵抗。」然後施加壓力，受測者抵抗施測者的壓力，此時正常的反應為受測者肩肌有力，能夠抵抗施測者的壓力。

❹接下來這個步驟為重要關鍵，測試該問題是否適合用 BK 來測試。

施測者說：「我們可以利用 BK 來測試精白糖與黃砂糖，抵抗。」受測者抵抗施測者的壓力，此時正常的反應為肩肌有力。

但是因為這個糖類的測試已經做過無數次，屬於經典的實驗，因此可以省略此步驟。若是探索一些其他測試則必須於測試前先通過這個測試，施測者說：「我們可以利用 BK 來測○○○，抵抗。」若肩肌抗力為弱，那麼就不適合繼續進行 BK 測試。

上述步驟為每次測試前應該都要做的前置準備，只要做一次，之後連續測試時就可以省略。做完了上述的步驟才能真正的進行 BK 測試。

❺請受測者放一點白砂糖於舌頭上。此時施測者說：「抵抗。」然後施加壓力，受測者抵抗施測者的壓力，正常的反應為受測者肩肌無力而被壓下。

❻請受測者喝口水將白砂糖嚥下，然後放一點黃砂糖於舌頭上。施測者說：「抵抗。」然後施加壓力，受測者抵抗施測者的壓力，此時正常的反應為受測者肩肌有力而無法被壓下。

◆ 基本練習題二：測手機

　　並非所有的東西都能放入口中測試，因此 BK 領域開發出另外的方法也能夠達到同樣效果，就是將想測試的物品放在「胸腺」的位置上（心窩凹陷處）。請先準備一支手機。

　　❶請受測者用原本自然垂放的手將手機置於於心窩，另一隻手平舉與地面平行，跟一般的準備動作相同。

　　❷施測者說：「抵抗。」然後施加壓力，受測者抵抗施測者的壓力，此時正常的反應為受測者的肩肌反應無力而被壓下。這是由於手機的意識能量水平為 150，是 200 以下，所以呈現負能量反應。

◆ 基本練習題三：測希特勒與德蕾莎修女的照片

由於有些事物並不適合全部拿起來置於胸口（例如：一整顆大西瓜），因此 BK 測試後來也發展出用看的測試方法，得出來的結果與含在口中或置於胸口相同。

❶請在本書第三章找到希特勒的照片（P.68），並請受測者看著這張照片。施測者說：「抵抗。」然後施加壓力，受測者抵抗施測者的壓力，此時正常的反應為受測者的肩肌無力而被壓下。因為希特勒的意識能量水平為 40，所以應該顯示負能量反應。

❷請在本書第三章找到德蕾莎修女的照片（P.67），並請受測者看著這張照片。施測者說：「抵抗。」然後施加壓力，受測者抵抗施測者的壓力，此時正常的反應爲肩肌有力。由於德蕾莎修女的意識能量水平爲 710，所以應爲正能量反應。

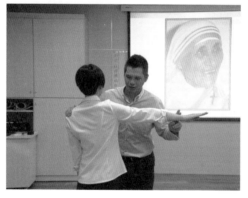

進階練習：驗證自己的間接 BK 測試正確與否

在序章中我們已指出間接 BK 測試過程較為複雜，陳述較不明確，測出之結果也不容易印證是否正確，所以測試難度較高。因此，建議讀者們好好利用本附錄所建議之方式勤加練習。

◆ 用雙手示範如何測愛因斯坦意識能量水平的影片

如果你認為自己的直接 BK 測試已具備一定水平，可以進一步的練習間接 BK 測試，那麼就從測意識能量水平的練習開始吧！我們先選擇愛因斯坦作為練習標的，你可以用手機掃描下面的 QRcode，在線上觀看蔡安和示範如何測出愛因斯坦的意識能量水平是 499 整個過程的 Youtube 影片。

https：//youtu.be/S-PeaSYnrFM

❶基本動作與直接 BK 測試一模一樣，並先測試受測者的力道，然後分別測試「希特勒」（肩肌應該無力抵抗，結果爲負）與「德蕾莎修女」（肩肌有力抵抗，結果爲正），驗證受測者的肌肉反應是否正常。

❷然後施測者在開始測試之前先口述：「依據霍金斯博士的意識能量水平，從1到1000的尺度，200代表誠實、正直、勇敢，愛因斯坦的的意識能量水平超過200。」然後施力測試。答案應該爲「是」，受測者肩肌有力。若想再確認可以測試「愛因斯坦的意識能量水平低於 200」，答案應該爲「否」，肩肌無力抵抗。但不建議每次都這樣反覆驗證，受測者很容易肌肉疲勞，於測試中挑一兩個階段驗證即可。

❸接著繼續測「愛因斯坦的的意識能量水平超過 300（或是簡述：超過 300）」。答案應該爲「是」。再測「超過 400」，答案應該爲「是」。

❹再測「超過 500」，答案應該爲「否」，肩肌無力。因此可以得知愛因斯坦的意識能量水平爲 400 與 500 之間。

❺接下來可以從中間切分，測試「超過 450」，答案應該爲「是」；「超過 470」，答案應該爲「是」；「超過 490」，「是」。範圍就縮小至 490 與 500 之間。再測「超過 495」，「是」；「超過 497」，「是」；「超過 498」，「是」；

「超過 499」，「是」；「超過 500」，「否」。所以愛因斯坦的意識能量水平爲 499。

　　這是個難度較高的練習，建議你先找到一個合適的練習夥伴，然後可以穩定、持續的測出這個結果後，再找兩三位受測者，如果仍能穩定測得這個數字，表示你的 BK 測試具備一定水準。

◆ 用單手示範如何測馬克前世的影片

　　附錄一提到，楊碩英用單手就能做 BK 測試。此時受測者可以站著，也可以坐著。你可以用手機掃描下面的 QRcode，在線上觀看楊碩英在位於高雄的中山大學用單手做 BK 測試，示範他如何測小舅子馬克前世的 Youtube 影片。影片中只示範受測者坐著的測試。同時請參看第九章「馬克前世是誰」（P.134）那段文字的介紹。

https：//youtu.be/bRdbVC1u-vY

◆ 檢驗客觀程度的考題一：測十大槍擊要犯楊雙伍

我們也提供以下兩個練習作為進一步檢驗客觀程度的參考。

楊雙伍曾是早期台灣十大槍擊要犯之一，維基百科上說他個性狠辣，17 歲時即持刀殺人，曾犯下多起槍擊殺人案。1983 年，槍傷藝人高凌風，逃亡日本。逃日期間，槍殺四海幫大哥劉偉民以及日本員警，並遭拘捕，在日本服刑。出獄後，1990 年在泰國被捕，遣送回台，被判處無期徒刑。在獄中組織聯正會，並在獄中持刀砍傷著名綁架集團首腦詹龍欄。

❶請先練習測一下楊雙伍，陳述：「測槍擊要犯楊雙伍」，看看是正是負？

❷再請你練習測一下楊雙伍的意識能量水平，陳述：「依據霍金斯博士的意識能量水平，從 1 到 1000 的尺度，200 代表誠實、正直、勇敢，楊雙伍的意識能量水平超過 200。」然後進行 BK 測試，測到個位數，看看測的結果是多少。

如果你第❶項測試的結果是正的，第❷項測試的結果是 600 多，恭喜你。如否，請繼續努力練習。

我們之所以選楊雙伍來測試，是因為這樣一號人物在一

般人心目中肯定是壞人，當然是負的，意識能量水平是 200
以下，甚至很低很低。但我們多年來測楊雙伍的意識能量水
平都是 600 多，沒辦法，就是 600 多，比許多知名人物都高。
所以這是給初學者一個測試與檢驗客觀程度的考題。

　　我認識一位高人洪文亮醫師，他是大立光執行長林恩平
的修行老師。二十多年前有一天中午我在洪醫師家聊天時，
電視新聞正好在播報有關楊雙伍的消息，洪醫師隨口說楊雙
伍很正。如今我用 BK 測定楊雙伍的意識能量水平是 600 多，
也算是個印證。

◆ 檢驗客觀程度的考題二：測《聖經》

　　請你練習測一下《聖經》的意識能量水平，陳述：「依
據霍金斯博士的意識能量水平，從 1 到 1000 的尺度，200 代
表誠實、正直、勇敢，《聖經》的意識能量水平超過 200。」
然後進行 BK 測試，測到個位數，看看測的結果是多少。

　　如果你測試的結果是 498，恭喜你。如否，請繼續努力練
習。

　　我們之所以選《聖經》來測試，是因為在一般人，尤其
是天主教或基督教信徒的心目中，《聖經》肯定是很高很高
的。但在霍金斯博士的《心靈能量》中，《聖經》的意識能

量水平是 498，霍金斯博士自己也是基督徒。《聖經》的意識能量水平之所以不是非常的高，霍金斯博士的解釋是：《聖經》千百年來不斷地被一些君王修改，越改意識能量水平越下降，越古老版本的《聖經》意識能量水平越高，閃族語版本的《聖經》意識能量水平就非常的高。

　　所以這也是給初學者這個測試與檢驗客觀程度的考題。我們有許多學生做過這個練習，有些人測的結果竟然是 50000 以上甚至更高，沒能通過客觀程度的檢驗。

　　霍金斯博士在《*Truth vs Falsehood*》測《可蘭經》是 700，他測到《可蘭經》一些部分是 200 以下，一些部分是 150 以下，一些部分是 100 以下；他把這些部分移除後，再測《可蘭經》就是 940。我們想研究《聖經》的學者或許可以仿此對《聖經》來做個測試，相信《聖經》的意識能量水平一定會大幅提升，而其內容也會更接近最古老的版本。

參照霍金斯測試結果
練習間接 BK 測試

　　霍金斯博士在《心靈能量》一書中以意識能量廣泛探討人類社會、行為與靈性各層面的議題，針對哲學、科學、教育、法律、社會、政治、企業、醫療、心理、宗教、藝術、靈修、媒體、體育等領域，深入探討問題癥結，並提出他的個人見解。

　　2005 年霍金斯博士又出版的一本測試各領域意識能量水平的書《Truth vs Falsehood》，內容測試超過 7000 多項，而我們挑了其中的 937 個項目依霍金斯博士的意識能量地圖之尺度來測。我們將時間點設定為他當時測定的時間（應該是 2005 年之前這幾年，因為他的書是 2005 年出版的。之所以要如此設定，是因為有些意識能量水平，例如國家、城市或還在世的人物，有可能隨著時間而變化）來進行測試。結果當中有 921 個項目，我們測試出的數字和霍金斯博士的完全一致，也就是有高達 98.3％的一致性。我們很高興看到這個結

果，這高度的一致性表示我們 BK 測試的技術水準和霍金斯博士差不多，也可算是我們過去十餘年來對其認真投入的一個成績。

我們把一些類別和我們所測定的意識能量水平的數字結果列在下方，讓讀者一方面可瞭解間接 BK 測試可測的類別非常廣泛，另一方面可對照其中有些我們測出與霍金斯博士相同結果者，做為練習間接 BK 測試的參照，比較一下你所測的意識能量水平能否與它們完全相符。

對於我們所測極少數不一致的結果，我們以「／」列在霍金斯博士所測結果的後面，分析並探究為什麼會不一致，將其寫在「討論內容」的下方，供大家比較參考。我們如此比較與討論並無任何對霍金斯博士不敬之意，而是忠實的以 BK 測試實證的方式進行研究，我們認為這就是 BK 求真精神。

你若對霍金斯博士所測試的 7000 多個項目及其意識能量水平有興趣，可以買本《*Truth vs Falsehood*》來看看。

❖ 著名人物

項目	能量水平	項目	能量水平
蘇格拉底	540	但丁	505
聖奧斯汀	503	愛因斯坦	499
亞里斯多德	498	黑格爾	470

哥德	465	約翰杜威	455
亞當史密斯	455	阿基米德	455
阿諾史瓦辛格	175	比爾蓋茲	170
馬克思	130		

❖ 生物

項目	能量水平	項目	能量水平
訓練過的黑猩猩	405	訓練過的灰色鸚鵡	401
黑猩猩	305	灰色鸚鵡	240
比賽的馬	245	馬	240
狗	245	貓	245
大象	210	猴子	210
乳牛	210	綿羊	210
豬	205	斑馬	200
水牛	175	北極熊	160
鴿子	145	候鳥	105
恐龍	60	鱷魚	45
章魚	30	魚	20
昆蟲	16	細菌	1

❖ 美國及加拿大的一些地區

項目	能量水平	項目	能量水平
華盛頓特區	450	芝加哥	445
懷俄明州	440	紐約市	385
蒙特婁	380	加州	280
紐約西區	245	紐約內城市中心	135

❖ 一些地點或建築

項目	能量水平	項目	能量水平
紐約大都會博物館	505	艾菲爾鐵塔	485
優勝美地國家公園	435	巴黎路邊咖啡店	400
莫斯科地鐵	375	德國的高速公路	315
美國 66 號公路	225	倫敦地鐵	225
911 之前的世貿中心	205	速食店	200
工廠	195	墨西哥市地鐵	195
醫院	180	礦場	105
911 後一天的世貿中心	1		

❖ 交通工具

項目	能量水平	項目	能量水平
豪華轎車	400	渡輪	320
鐵達尼號	310	汽車	205
公車	205	計程車	205

❖ 一些日常的人事物

項目	能量水平	項目	能量水平
母親做的聖誕糕點	520	感恩節	515
街頭表演團體	480	聖誕老人	390
可口可樂	305	哈達瑜珈	260
Google.com	209	網際網路	205
芭比娃娃	205	在身體上穿洞	180

❖ 音樂、樂團、音樂家

項目	能量水平	項目	能量水平
路易阿姆斯壯	510	比吉斯樂團	510
巴布・狄倫	500	披頭四樂團	460
貓王	420	滾石樂團	340
迪斯可音樂	235	重金屬音樂	35

❖ 古典音樂家

項目	能量水平	項目	能量水平
柴可夫斯基	550	莫札特	540
巴哈	530	貝多芬	510
韓德爾	510	蕭邦	500
史特勞斯	475	舒伯特	460

❖ 正能量音樂、指揮家

項目	能量水平	項目	能量水平
奇異恩典	575	平安夜	575
美國國歌	575	托斯卡尼尼	490
巴洛克音樂	470		

❖ 畫家、畫作

項目	能量水平	項目	能量水平
林布蘭特	700	米開朗基羅	590
塞尚	510	米羅	490
達利	455	安迪沃荷	200
塗鴉	145	夏威夷原住民在岩石上刻的畫	105

❖ 運動或比賽

項目	能量水平	項目	能量水平
世界盃足球賽	490	足球	450
西洋棋	415	橋牌	410
高爾夫球	400	慢跑	350
網球	350	自行車比賽	350
籃球	345	棒球	330
美式足球	330	游泳	310
登山	205	賽車	200
舉重	185	拳擊	180
極限運動	110	鬥狗	35
鬥雞	35		

❖ 電影

項目	能量水平	項目	能量水平
太陽帝國	490	甘地	455
星際奇航	440	鐵達尼號	405
魔戒	350	星際大戰	250
哈利波特	215	飛越杜鵑窩	160
大白鯊	140	沉默的羔羊	45

❖ 電視節目

項目	能量水平	項目	能量水平
歐普拉秀	510	強尼‧卡森今夜秀	480
Bob Hope 秀	465	國家地理頻道	450
Discovery 頻道	405	我愛露西	395

| 體育臺頻道 | 375 | 兒童卡通 | 180 |
| MTV 頻道 | 130 | | |

・討論內容：

兒童卡通，是負的，但卻有那麼多孩子在看，眞是可怕。不知有多少美國人留意到霍金斯博士測到的這個結果。

有一次我們去高雄市某間小學演講，演講中爲小朋友們測試了他們所看的一些卡通及線上遊戲。其中大多數的卡通是負能量的，例如：《蠟筆小新》《海綿寶寶》（當然其中也有正面的情節，但整體而言是負能量的）。正能量的卡通有：《灌籃高手》《航海王》及《哆啦 A 夢》。最有趣的是《哆啦 A 夢》的能量是 202，低於前兩者，這樣的結果出乎意料之外，我想讀者們普遍應該也認爲這個卡通應該不止 202。

我們也請小朋友提出有什麼理由可以解釋這個現象。有人說：「因爲胖虎會欺負人」，也有孩子提出：「哆啦 A 夢都幫助大雄，這樣會讓他很依賴」。經過 BK 測試驗證，這兩個都是造成《哆啦 A 夢》意識能量水平低於我們預期的原因，而後者的影響力更大於前者。小朋友一方面瞭解到恃強凌弱是不對的，另一方面更藉此體會到過度幫助或溺愛造成的長期傷害，可能大於眼前的霸凌行爲。讓我們驚訝透過 BK 測試其實也能夠起到孩童品德教育的效果。

令現場多數師生失望的應該是：他們所玩的線上遊戲都是負能量。有一位強壯的男老師老師甚至當場立誓說：「我要測我玩的那款遊戲，如果測出來是負的，以後就不玩了。」結果測出來就是負的，全場熱烈鼓譟。

❖ 電視新聞節目

項目	能量水平	項目	能量水平
華特・克朗凱播報新聞	460	芭芭拉・華特斯播報新聞	455
Fox 新聞節目	380	賴瑞金 60 分鐘	295
CNN 新聞節目	260	CBS 新聞節目 2004 年 9 月 15 日前	255
ABC 新聞節目	205	CBS 新聞節目 2004 年 9 月 15 日後	200

❖ 電視廣告

項目	能量水平	項目	能量水平
蘋果電腦	410	eBay	410
李施德霖漱口水	355	拜耳藥廠阿斯匹靈	350
麥當勞	200	某種品牌生髮產品	200
某種品牌運動器材	150	某種品牌減肥藥	120

・討論內容：

霍金斯博士認為廣告的意識能量水平越高效果越好，所有企業和廣告設計人不妨考慮用 BK 先對設計出來的廣告做些

測試，作為參考。

❖ 平面媒體

項目	能量水平	項目	能量水平
經濟學人	445	華爾街時報	440
金融時報	410	新聞週刊	385
時代雜誌	375	華盛頓郵報	340
花花公子雜誌	310	洛杉磯時報	300
紐約時報 2000 年	250	紐約時報 2004 年	195
紐約時報 2005 年	205	紐約時報社論	190
芝加哥論壇報 2004 年 4 月 11 日社論	185		

我們的測試及討論：

・**不一致的測試結果**：花花公子雜誌 310 ／ 199

・**討論內容**：

花花公子雜誌 310 我們感覺高了些，一測果不其然，200 以下；但它有些文章還是不錯的，所以 199 我們覺得較合理。

❖ 著名人物的社會影響

項目	能量水平	項目	能量水平
象人	590	海倫凱勒	520
邱吉爾	510	富蘭克林	480
南丁格爾	465	太空人	460

| 萊特兄弟 | 455 | 棒球明星貝比‧魯斯 | 440 |
| 哥倫布 | 375 | | |

❖ 名作家之作品

項目	能量水平	項目	能量水平
狄更斯的作品	540	莎士比亞的作品	500
托爾斯泰的作品	455	賽珍珠的作品	445
海明威的作品	400	蕭伯納的作品	400
伏爾泰的作品	340		

❖ 行業

項目	能量水平	項目	能量水平
有線電視	305	太空人	215
通訊業	210	銀行業	208
營建業	205	保險業	205
航空業	204	出版業	204
報紙出版業	200	捕漁業	190
石油業	190	網路行銷	185
好萊塢電影業	180	菸草業	160
賭場	160		

❖ 企業

項目	能量水平	項目	能量水平
華瑪特百貨	365	西南航空	345
聯邦快遞	340	波音公司	320
好市多	310	哈雷機車	300

IBM	250	星巴克咖啡	245
可口可樂	211	IKEA	210
百事可樂	209	福特汽車	205
通用電子	205	通用汽車	205
麥當勞	205		

※ 不道德的公司：Enron 200 以下，WorldCom 200 以下

‧討論內容：

美國這些大企業很多是正的，不知我們最欣賞的 3M 和
日本稻盛和夫經營的京都陶瓷意識能量水平是多少？結果是：
3M，899；京都陶瓷，996。

❖ 企業家

項目	能量水平	項目	能量水平
安德魯‧卡內基	490	諾貝爾	410
亨利‧福特	383	2004 年財星 500 大前 10 名的企業家	460
2004 年財星五百大前 400 名的企業家	440		

‧討論內容：

美國這些大企業家很多是正的，而且 400 多，算是高的。
我們測了日本京都陶瓷的稻盛和夫是 996；我們也測一些台灣
知名的企業家，請參看第九章（P.161）。

❖ 基金會

項目	能量水平	項目	能量水平
比爾蓋茲基金會	400	福特基金會	400
卡內基基金會	400	洛克菲勒基金會	400

•討論內容：

比爾‧蓋茲，170，我們測了他發展出的電腦軟體社會影響的意識能量水平是 194，但他成立的比爾蓋茲基金會就是 400，我們覺得這些結果引人深思。

我們因此測了「諾貝爾獎」，599。

測了「麥克亞瑟獎」，799。

測了「麥格塞塞獎」，799。

測了尹衍樑創辦的「唐獎」，899。

❖ 科學理論

項目	能量水平	項目	能量水平
非線性動力學	460	量子力學	460
愛因斯坦質能互換公式	455	渾沌理論	455
核融合理論	455	黑洞理論	455
幹細胞研究	245	恐龍滅絕理論	200

項目	正確性	項目	正確性
多重宇宙	○	大爆炸理論	✕
火星上有生命	○	溫室效應理論	✕

火星上有水分	○	量子理論互相含藏的説法	×
地球磁場正在減弱	○		

❖ 科學家、心理學家

項目	能量水平	項目	能量水平
大衛・波姆	550	卡爾・榮格	520
愛因斯坦	499	牛頓	499
佛洛伊德	499	達爾文	450
波爾	450	馬克斯・威爾	445
法拉第	440		

❖ 醫學

項目	能量水平	項目	能量水平
AK	600	能量醫學	460
榮格精神分析	460	佛洛伊德精神分析	460
美國最好的醫院	450	藥理學	450
精神醫學	440	一般醫學	440
針灸	405		

・討論內容：

AK（請參見第一章關於 AK 的簡介，P.47）是 600，那麼 BK 呢？996。哇，太驚人了，也太令人驚喜了。

❖ 大學

項目	能量水平	項目	能量水平
牛津大學	495	劍橋大學	455
哈佛大學	455	海德堡大學	445
馬凱大學	440	杜克大學	430
西點軍校	425	芝加哥大學	425
亞利桑那大學	405	史丹佛大學	400
加州大學柏克萊分校	385	加州大學洛杉磯分校	385

我們的測試及討論：

• **不一致的測試結果**：史丹佛大學 400 ／ 449 加州大學柏克萊分校 385 ／ 499 加州大學洛杉磯分校 385 ／ 447

• **討論內容**：

霍金斯博士測馬凱大學 440，亞利桑那大學 405，而史丹佛大學 400、加州大學柏克萊分校 385、加州大學洛杉磯分校 385，這和我們的認知有所不同，我們測出的史丹佛大學 449、加州大學柏克萊分校 499、加州大學洛杉磯分校 447。

我們也加測了 MIT，465。

❖ 美國政府、政治方面之事

項目	能量水平	項目	能量水平
美國憲法	710	獨立宣言	705
人權法案	640	美國憲法簽名的人平均	515

美國國歌	510	美國國旗	510
小布希總統 2005 年就職演說	480	美國核能政策	460
共和黨	405	民主黨	318
美國自由派	255	國民健康保險	212
FBI	210	CIA	210
美國社會安全政策	206	美國國稅局	202
美國邊境防衛政策	200	反恐政策	199
言論自由	190	政治正確	190
自由主義者	185	女性主義政治	185
美國移民局	180	好萊塢極左人物	180
綠黨	180	威權主義	180
主義字尾（ism）	180	柯林頓總統	170
小布希總統	170	女國務卿萊斯	170
法西斯主義	160	仇視權威	120
種族主義	110	革命	100
極左	80	極右	80
法西斯理論派	50		

❖ 全球政治相關人物

項目	能量水平	項目	能量水平
邱吉爾	510	戈巴契夫	500
蒙哥馬利元帥	450	君王統治	200
聯合國	195	普丁／獨裁	135
伊朗精神領袖何梅尼	75	恐怖組織塔利班	65
蓋達組織	65	蘇聯特務組織 KGB	55
賓拉登	40	蓋世太保	35

項目	能量水平	項目	能量水平
格達費	由 160 提升到 190	卡斯楚	由 445 降到 180
阿拉法特	由 440 降到 65	希特勒	由 430 降到 40
列寧	由 405 降到 80		

• **討論內容：**

格達費由 160 提升到 190，雖然還是負的，已經很不簡單了，這是我們在霍金斯博士所有的書中唯一一次看到有提升的。

❖ **美國非營利組織**

項目	能量水平	項目	能量水平
戒酒無名會	540	YWCA	388
YMCA	380	美國紅十字會	380
美國扶輪社	375	美國醫療協會	300
美國退伍軍人協會	275		

• **討論內容：**

很多書中都大力推崇「戒酒無名會」540，創建者最初的想法源自於卡爾·榮格，很合理。

❖ 負面行為、事物

項目	能量水平	項目	能量水平
扒手	175	誇大	160
貼標籤	150	網路駭客	145
重型機車幫派份子	140	虐待兒童	140
毆打妻子	95	毒品上癮	95
散布網路病毒	85	以雷射光照射飛機駕駛員	80
成人網路（色情）	75	黑幫	65
酒駕	55	銀行搶劫	55
組織犯罪	40	性虐待	35
勒索	35	把人當奴隸	20
古柯鹼	7	海洛英	6
對兒童性虐待	5	精神病殺人	5

‧討論內容：

　　酒駕的意識能量和銀行搶劫竟在同一個水平，酒駕者聽到這個訊息不知有何想法？

❖ 正面行為

項目	能量水平	項目	能量水平
理性	405	忠誠	345
幽默感	345	溫暖	305
有條有理	300	考慮周到	295
可靠	290	很願意幫助別人	265
保護弱者	265	純真	255

耐性	255	冷靜	250
支持的	245	禮貌	245
有彈性	245	開放	240
隨和	210	努力工作	200
誠實	200		

❖ 哲學、經濟等方面

項目	能量水平	項目	能量水平
亞里斯多德	498	培根	460
保守主義	405	諾貝爾獎得主經濟學家傅利曼	400
美國聯準會主席葛林斯潘	400	存在主義	375
帝國主義	200		

❖ 學科

項目	能量水平	項目	能量水平
形而上學	468	神學	460
科學	450	數學	450
三角	410	代數	405
幾何	400	算術	395

・討論內容：

　　霍金斯博士在這部分測的較少，所以我們加測下列在大學中的學科或學門。

　　其中食品營養學 659 最高，理工的最高是土木工程是

499，系統動力學是 499，這些是管理方面的，藝術的都是 500 多。

項目	能量水平	項目	能量水平
食品營養學	659	美術	599
音樂	599	表演藝術	599
舞蹈	599	烹飪學	598
建築學	595	服裝設計	515
系統動力學	499	哲學	499
英國文學	499	中國文學	499
土木工程學	499	物理學	495
機械工程學	495	化學	489
生物學	485	考古學	479
餐飲學	479	圖書館學	469
經濟學	449	會計學	449
心理學	449	政治學	449
社會學	449	法學	449
海洋科學	449	藥劑學	415
藥理學	419	電機工程學	399
電腦科學	399	化學工程學	399
史學	399	人類學	349

❖ 世界各國或地區

項目	能量水平	項目	能量水平
美國	421	加拿大	415
澳洲	410	夏威夷	405

荷蘭	405	新加坡	405
德國	400	香港	400
南韓	400	瑞士	400
義大利	385	日本	355
印度	355	埃及	350
斯堪地那維亞各國	350	法國	305
中華人民共和國	300	希臘	300
波利維亞	300	巴西	300
墨西哥	300	台灣	295
阿根廷	285	冰島	255
波多黎各	250	土耳其	245
印度尼西亞	215	尼泊爾	205
新幾內亞	202	西藏	200
俄國	200	以色列	190
伊朗	190	科威特	190
南非	190	巴勒斯坦	185
約旦	185	巴爾幹各國	185
波士尼亞	180	古巴	180
北韓	175	沙烏地阿拉伯	175
西西里	175	中東	170
葉門	160	敘利亞	155
寮國	155	土庫曼	150
巴基斯坦	140	烏克蘭	140
越南	140	黎巴嫩	130
伊拉克	120	阿爾及利亞	90
阿曼	90	利比亞	90
蘇丹	70	盧安達	70
剛果	70	奈及利亞	55

海地	55	安哥拉	50
烏干達	40		

我們的測試及討論：

• **不一致的測試結果**：中華人民共和國 300 ／ 99，台灣 295 ／ 421，西藏 200 ／ 421

• **討論內容**：

中華人民共和國 300，比自由民主的台灣 295 還高？這令我們有些懷疑，因為其他共產集權國家都是 200 以下，俄國在蘇聯共產集權解體後也只有 200。結果我們一測之下中華人民共和國 99，是負的；台灣 421，和美國一樣高。

此外西藏 200 也令我們有些懷疑，結果一測之下是 421，和台灣、美國一樣。不知為何會如此？我們就用第八章中 BK 測試「為什麼」的方式探詢了一下，結果是「被有心人偷改了」。至於是誰？為何要偷改？要測的範圍實在大了些，也就作罷。

不知霍金斯博士為何不測英國、西班牙、葡萄牙、比利時、波蘭。我們測英國是 399，西班牙 394，葡萄牙 349，比利時 412，波蘭 368。

此外，馬來西亞 404，柬埔寨 98，不丹 421。不丹人均

GDP 雖僅 700 多美元，非常「窮」，2010 年卻被評爲幸福指數全球最高，所以我們測出不丹是最高的 421，滿合理的。不少質樸的西藏人有虔誠而深厚的宗教信仰，我們也測出是最高的 421，我們覺得也挺合理的。

第二次世界大戰／伊拉克戰爭

請參看第九章「霍金斯測戰爭給我們的啓發」（P.166）那節。

❖ 宗教

項目	能量水平	項目	能量水平
大乘佛教	960	小乘佛教	890
禪宗	890	可蘭經	700
蘇菲教	700	錫克教	600
東正教	545	西藏生死書	575
新時代主義	185	馬雅宗教	95
印加宗教	85	邪教狂熱崇拜	50

我們的測試及討論：

• 不一致的測試結果：邪教狂熱崇拜 50 ／ 1
• 討論內容：

霍金斯博士測《可蘭經》是 700，他測到其中一些部分是

200 以下，一些部分是 150 以下，一些部分是 100 以下；他把這些部分移除後，再測《可蘭經》就是 940。邪教果然邪，邪靈附體，所以是 1。

❖ 靈性導師

項目	能量水平	項目	能量水平
禪宗黃蘗禪師	960	德蕾莎修女	720
靈性聖者	700	老子	610
孔子	590	聖徒	550

我們的測試及討論：

• **不一致的測試結果**：老子 610 ／ 1000 以上，孔子 590 ／ 996，德蕾莎修女 720 ／ 710

• **討論內容**：

對於老子的測試，是我們和霍金斯博士所測最不一致的結果。如果各位參看第九章中有關《老子不爲》和《耶穌：我的自傳》這兩本書的介紹（P.132），就會瞭解老子也和耶穌一樣是「上層生命」。霍金斯博士在《心靈能量》中測耶穌是 1000 以上，我們測也是；所以我們測老子是 1000 以上應是合理的。

各位可再參看第十章中我所發展出能測巨大數字那部分

的介紹，其中也有提到老子和耶穌，就可瞭解祂們的意識能量水平是遠超過 1000 的。

對於孔子，我們反覆測試的結果都是 996，和霍金斯博士所測 590 不一致。不知道為什麼會這麼不一致。不過看看霍金斯博士和我們測禪宗黃蘗禪師都是 960，我們前面所測企業家中也有 900 以上的，至聖先師孔子 996 應是有可能的。

還有一個有趣的比對是孔子 vs 老子。霍金斯博士將孔子和老子都視為「靈性導師」，都是意識能量水平 1000 以下的，是「人」這一層的。我們測出孔子意識能量水平 996，在 1000 以下，是「人」這一層的，是聖「人」；老子在 1000 以上，和耶穌一樣，是 Divine，屬佛道神層次的高層生命。

史書上記載孔子曾問道於老子。從老子那兒回來，孔子三天沒有說話。眾弟子問：「先生拜訪老子，見到人了嗎？」孔子道：「見到了！」弟子問：「老子怎麼樣？」孔子道：「……至於龍，吾不知其何以？龍乘風雲而上九天也！吾所見老子也，其猶於龍？學識淵深而莫測……如龍之應時變化。老子，真吾師也！」孔子以雲中龍來形容老子層次之高。老子在 1000 以上，我們覺得有它的道理。

我們反覆測試德蕾莎修女的結果都是 710，霍金斯書上雖然是 720，我們測其是記載錯誤，他實際上測出的是 710。

❖ 歷史及考古

項目	能量水平	項目	能量水平
蘇格蘭民族英雄威廉・華勒斯	490	威靈頓公爵	420
哥倫布	320	亞歷山大大帝	290
亞特蘭提斯	290	古希臘	255
馬基維利	225	古埃及	205
古羅馬	202	亨利八世	170
凱薩	140	沙皇	55

項目	能量水平	項目	能量水平
康士坦丁大帝	由 410 降到 385	拿破崙	由 450 降到 175
彼得大帝	由 385 降到 190		

❖ 零星測試

項目	能量水平	項目	能量水平
狗搖尾巴	530	貓的咕嚕聲	500
知更鳥鳴	500	自由女神像	500
韋氏大字典	460	世界名人錄	460
蘇格蘭警場	210	航空公司工會	205
鋼鐵工人工會	202	一般工會	200
好萊塢	190	算命	185
象牙雕刻	135	非洲 Bush 族	110
獵頭族	95	印加族	65

項目	正確性	項目	正確性
祈禱能夠具有療效	○		

附錄四

BK 測試問答小教室

　　在我們多年來上百場的演講中，常常遇到聽眾們提出一些問題，下面是最常提出的三個問題及我們的回應。

◆ 提問一：受測者能否抵抗的現象是否跟施測者的力道有關？

　　答：這幾乎是絕大多數初次接觸 BK 領域的朋友最大的疑問。其實，施測者出力壓受測者的目的「不是要把受測者的手壓下去」，而是「要能分辨受測者能抵抗得住與無法抵抗兩者間的差異」，所以力道的拿捏就會是關鍵。

　　根據我們十多年來數十萬次以上的實測經驗發現：當肩肌的反應為正（壓不下去）時，往往施測者出較大的力氣也無法將其壓下；反之，若肩肌的反應為負（被壓下去）時，施測者其實不需出很大的力氣就能將受測者的肩肌壓下。

　　根據這個有趣的現象，本書的第一作者有個非常貼切的比方。我們的肩肌反應其實就像攝影機的伸縮三腳架，當它

被每一個扣環鎖緊的時候，一般人用力也沒辦法將三腳架壓下。這就很像肩肌反應為正的情況，當接觸到正面能量或訊息的時候，肩膀的三角肌就如同腳架被扣環鎖住一般，自然產生抵抗力道，所以施測者用力卻無法將手臂壓下。同理，如果鬆開腳架的扣環，輕輕鬆鬆的就可以將腳架壓下。當接觸負面能量或訊息，肩膀的三角肌亦如同扣環鬆掉的腳架一般，不必太用力，手臂就會被壓下。

　　為了去除聽眾們的疑慮，我們研究團隊也曾請中山大學機電系的實驗室幫忙以「壓力墊片」方式來驗證上述的現象，所得到的結果確實如前段所描述。

　　我們在施測者施壓手指與受測者的受壓手腕中間放置壓力墊片，然後做簡單的測試。當施測者壓受測者手腕的時候，所出的力道大小會透過壓力墊片傳達到儀器。實驗結果就是當肩肌反應為正的時候，壓力測試儀監測到比較大的力量數值，也就是壓的力道比較強，但受測者的肩膀能夠抵抗；而肩肌反應為負的情況下，壓力測試儀的數值明顯小於前者，也就是說施測者用較小的力氣就將受測者手臂壓下。

　　無論是從 BK 領域過去的經驗、我們親身研究的見證，以及壓力墊片的儀器測試結果都顯示：受測者肩三角肌能否抵抗，跟施測者的力道大小無關，而是由受測者肩肌能偵測

到該測試內容之正負，而造成肩肌抗力增強或減弱所致。

　　後來楊碩英發現還有一種簡單的方法可以直接顯示施測者力道的強弱。因為施測者力道強時，前臂肌肉（肱橈肌）自然會明顯的鼓起；力道弱時，前臂肌肉則不會鼓起。所以施測時就請現場觀眾注意看他前臂肌肉是否有鼓起，就知力道的強弱了。可仔細再看一次附錄二的影片，即可明顯觀察到此現象。

　　關於力道，楊碩英還有個很特殊的經驗。

　　有次建中校友會南加州分會邀他至洛杉磯演講，如同往常邀請聽眾上臺體驗 BK 測試。結果上來了一位非常強壯的聽眾，所有負面能量的測試大概都只能壓下他的肩膀約 3 公分左右；這跟一般聽眾負能量的反應肩肌幾乎完全無力、整個手臂被壓下大相逕庭。正當楊碩英也在納悶這個不甚明確的測試過程時，這位強壯的聽眾及臺下五位站起來鼓掌的聽眾（後來得知是跟他習武的徒弟）立刻表示非常信服楊碩英所做的測試。

　　這位強壯的聽眾是研究 AK（AK 的介紹請參閱第一章）的醫生，同時也是一位武術大師。對他來說，一般人根本不可能下壓他的手臂分毫，而楊碩英卻能下壓 3 公分左右，他們大為服氣，也相信了 BK 測試。他原本還希望重金禮聘楊

碩英安排一場專門對加州數百位 AK 醫生的演講，只可惜楊碩英隔天的飛機就要離開美國前往下一個行程，而錯過這次與 AK 醫生們交流的機會。

上述的經驗是想要說明：BK 的肩肌測試不是比力氣大小的競賽，而是藉由肩肌有無抵抗力道的反應來分辨能量測試的正負差異，所以即使是力氣很小的小孩，也能成為測試的「載體」。目前我們在演講中實際測試最小的小孩是去文化大學演講時的一位聽眾的小孩，只有三歲，但是完全能夠做出所有 BK 經典的測試結果。

◆ 提問二：測試結果是否會受到個人意識或立場影響？

答：這類問題也是許多聽眾會產生的疑問。因為我們經常在演講中以德蕾莎修女及希特勒作為檢測受測者的肌肉反應是否為正常狀態（因為有 2% 的人會剛好呈現相反的結果，也就是正能量肩肌無力，負能量肩肌有力，所以要先測試受測者反應是否正常），也就是測試「德蕾莎修女」時肩肌有力，為正能量反應；測試「希特勒」時肩肌無力，為負能量反應。而這樣的測試結果恰巧也跟水結晶的實驗結果不謀而合（相關內容請參考序章江本勝的水結晶實驗帶來的啓發）。

對於上述測德蕾莎修女及希特勒的結果一正一負，會有

些人認為：「這是因為受測者本身就認為德蕾莎修女是正的，希特勒是負的」。

為何 BK 測試會選擇這兩個人物作為檢測肌肉反應的人選？主要是因為霍金斯博士已經做過數十萬次德蕾莎修女及希特勒的測試，其中包含一些受測者是新納粹主義的支持者，這些人對於希特勒是尊敬且崇拜的，但是在 BK 測試「希特勒」時，肩肌同樣無力。BK 測試並不會受施測者、受測者本身主觀意識所影響。

另一個有趣的例子是關於「中華民族歷史上最後一個皇帝」的測試。

或許是受到電影《末代皇帝》的影響，所以當我們在演講中詢問聽眾，中華民族最後一個皇帝是誰，大多數的人都會回答「溥儀」。這時我們就會邀請一位回答溥儀的聽眾上臺接受 BK 的測試。

施測者會先陳述：「測中華民族最後一個皇帝是溥儀」，然後測試受測聽眾的肩肌反應，肩肌無法抵抗，表示「陳述錯誤」。於是我們會再請教現場的聽眾，還有什麼可能答案？通常會有觀眾再回答「袁世凱」，所以施測者再陳述「測中華民族最後一個皇帝是袁世凱」，這時肩肌就會有力，能夠抵抗施測者的力道，呈現「陳述為真」的反應。雖然袁世凱

洪憲帝制僅有短短八十三天，但在歷史上就是一個稱帝的事實而被記載下來。儘管上臺接受測試的聽眾心裡想的答案是溥儀，但是正確的答案應該是袁世凱。這再度印證，人的主觀意識並不會影響 BK 測試的結果。

透過上述兩例將可清楚的瞭解，主觀意識並不會影響測試結果。這種現象符合實證科學「客觀性」的條件，所以 BK 是一種實證科學方法，只是，測試的精確與否，需要更多的條件（相關條件可參考附錄五）。

◆ 提問三：我聽過 BK 的演講，或是上網看過相關的影片，為什麼測不出正確的答案？

答：這個問題牽涉的原因很多，我們先假設你只是要重複演講中所提到的實驗，而不是自己想要測試的問題。例如：你測不出白砂糖是負能量，而黃砂糖是正能量。

❶對 BK 方法不夠熟練：因為 BK 本身需要培養對於肩肌反應的敏銳度，尤其是施測者占了重要的因素，楊碩英花了兩年的時間方能精熟，蔡安和更是到了四年半之後才有信心在面對不同聽眾的演講中精確的做出每個經典測試，所以在一開始測不出來是正常的。而且根據 BK 測試的建議，要施測者跟受測者都是 200（意識能量水平）以上的組合才能測得

準；而根據霍金斯的研究，人類中大約近八成是負能量，所以這個基本條件也是極其嚴苛的。

在過往的演講經驗中，有經過我們指點「測試訣竅」的聽眾，初次接觸就能測出一些基本測試的比例就高。所以我們也在本書分享這些過往學習的經驗訣竅，希望能幫助有興趣的讀者能夠更快速有效的學習。

❷不合適的測試對象：除了上述負能量（意識能量水平為 200 以下）的人不適合做測試之外，尚有一些不合適的測試組合。例如：夫妻通常不適合做 BK 測試，原因不明，這是霍金斯博士成千上萬次的實作經驗所累積的知識。

幾年前楊碩英在美國演講時遇到某教授前來詢問，某教授說他兩三年前就聽過楊碩英的演講，所以回家就開始練習，但是兩三年來都做不準，想瞭解到底出了什麼問題。楊碩英就問他都是跟誰一起練習，某教授答：「我太太。」這就是兩三年都做不準的根本原因，因為挑到了不適合的練習對象。這個資訊其實極其關鍵，尤其是對於剛接觸這個領域的朋友來說尤為重要，會讓你節省很多寶貴的時間。

在十多年來的測試經驗中，我們也發現了另一個不適合的組合──「母女」，原因同樣不明。這也是一個偶然的機會發現的，我們有一位精通諮商與教育心理等方面的教授朋

友，接觸 BK 測試至少有兩三年，是準確度非常好的施測者。
有一次她打電話給楊碩英，希望他也在電話另一頭跟她測同
一個問題，作為核對。楊碩英找蔡安和擔任受測者，她則找
她女兒當受測者，可是不管怎麼測，答案就是不完全一致，
這對於 BK 測試來說是很罕見的現象，而且她過往是一個準
確度很高的施測者。藉由這次的實際經驗讓我們學習到「母
女」這個組合也不適合做 BK 測試。

附錄五
BK 測試補充說明及注意事項

　　BK 測試易學難精，我們僅從十多年來學習所累積的經驗中，整理下列補充說明及注意事項供大家參考。這些經驗繼續在累積之中，所以爾後也會繼續修訂這些內容。

　　● 施測者、受測者兩人的意識能量水平都必須是正的（200 以上）才能測得準確（但凡事總有例外，若施測者的意識能量水平超高，而受測者雖為負，亦可施測）。霍金斯博士認為要提高意識能量水平太難了，但是我們多年的研究發現，只要多接觸本書第十一章中所尋找到的「生命的高槓桿解」，就能快速提高意識能量水平。

　　● 意識能量水平越高越準確。

　　● 約 80% 人類的意識能量水平低於 200；約 80% 的人測不準，若要同時滿足施測、受測兩者都為正能量的測試組合，大約只有 4%。因此，合適的練習夥伴不易尋找。

　　● 壓肩之手必須先用力（因為，如果施測者壓肩之手不施力按住受測者的肩膀，受測者之手會容易被壓下去）。因

此，施測者壓肩之手不可故意不太用力，而使受測者之手容易壓下去，以此來操控測試結果是不誠實的行為。

● 在「鎖不緊」（unlocked）而被壓下時，有些人會覺得施測者壓肩之手不太用力，這是正確的感覺，但施測者壓肩之手並非故意不太用力，而是不需要太用力（詳細說明請參考附錄四提問第一題中的三腳架例子）。

● 在「鎖緊」（locked）而無法被壓下時，有些人也會覺得施測者壓得不太用力，這也是正確的「感覺」，但與事實不符。因鎖緊了受測者自己就不需太用力抵抗了，誤以為施測者壓得不太用力。

● 不以壓倒為目的，而以分辨是否有「鎖緊」為目的。

● 施測者力氣比受測者小太多者，不適合進行 BK 測試。

● 測試時不能笑、不要有背景音樂，測試環境必須保持安靜。

● 勿戴尼龍帽子，勿穿高跟鞋，手錶、手上及頸上的金屬物品、各式能量物品要盡可能取下（但凡事總有例外，若施測者的意識能量水平超高，則不受影響）。

● 施測前一個半小時內不能聽重金屬音樂、饒舌音樂，或是上過色情網站、看了暴力電影、玩過某些格鬥電玩及線上遊戲。

● 有 2% 的人測出的結果正好相反，該強的時候反而弱，該弱的時候反而強，原因不明。

●「夫妻」原則上不適合相互做 BK 測試，原因不明。另外根據我們的實務經驗，「母女」這個組合也不適合，原因同樣不明。

● 如果直接陳述某個測試標的，那麼所測到的是該標的平均分數。例如：測試紅茶、綠茶，紅茶將呈現負能量反應，綠茶為正能量反應。但是某些紅茶品種是正能量，某些綠茶品種為負能量。同一品種的不同品牌也需進一步探索。

● 若直接測人名而沒有特定的描述，將會測得同名中最有名的那位。例如：測韓國瑜，那麼 BK 將自動鎖定高雄市長韓國瑜。如果台灣某高中數學老師也叫韓國瑜，你想測這位老師就必須陳述：「測任教於某高中的數學老師韓國瑜」。

● BK 測試不能用來測下列事項：

❶ 不測問句，只測陳述句。

❷ 不測動機不良的陳述。

❸ 不測意圖驗證 BK 測試的陳述。

❹ 陳述不具體或含糊不清時也無法測定。

❺ 不測數字或數學運算。

❻ 不預測未來（請參看第九章「BK 測試能預測未來嗎？」

P.126）。

❼不尋找失物。

● 主觀意識無法影響 BK 測試（詳細說明請參考附錄四的提問二）。

● 一件藝文作品的能量受兩個重要原因影響：

❶作家自身能量。

❷作品的內容與題材。

欲精熟 BK 測試
還必須有窮究「為什麼」的研究精神

◆ 如何學好 BK 測試？

☑ 必須投入相當時間練習 BK 測試，不斷累積經驗。本書作者楊碩英大約花兩年精熟 BK，蔡安和則花費四年半。

☑ 練習在不同場所與各式各樣的人測試各式各樣的議題、服飾、物品……以增長這方面的知識、經驗、技巧。

☑ 長期而言，如能找到一位能輕鬆快速穩定測出結果的夥伴，是做大量研究的有利條件！。

☑ 努力提高自己的意識能量水平。

想要精熟 BK 測試，不但要有不怕失敗的學習精神，在持續測出令人困惑的結果時，還要有窮究「為什麼會如此？」的研究精神。

◆ 偶爾失敗了就不學了嗎？

有一次楊碩英請一位博士生測試一件事，博士生擔任施測者，另一位正在學習 BK 測試的大學生擔任受測者，測出

了一個結果。然後楊碩英也測試了一遍，楊碩英測出的結果和這位博士生測出的結果不一樣。楊碩英請這位博士生再和那位大學生測試一遍，測出的結果就和楊碩英一模一樣了；也就是博士生之前的那遍測試測錯了。

後來那位大學生說他不想學習了，是因為那個博士生已經學習了很久都還是會測錯，所以他不想學了。

楊碩英說，那個測試是難度比較高的測試，所以那個博士生偶爾測錯是可以理解的。想想看你正在學習微積分，有個人能解99％以上的題目，偶爾碰到一個難題解錯了，難道你就不學微積分了嗎？

那位大學生就說他瞭解了，會繼續學 BK 測試。

◆ 秉持真正的研究精神

就 BK 測試而言，大概95％左右的測試內容都是我們生活中碰到的人事物，熟練之後，這方面的測試一般都會測得正確，所以它是很有用的，不要因為有些難題測錯就放棄了。

在第九章中一項關於胎兒性別的測試，已有許多年測試經驗的楊碩英不也因為陳述不夠精確而測出令他困惑的結果嗎？但他不會因此就放棄該項測試，而是花了將近六個月的時間斷斷續續研究為什麼會如此，這才是真正的研究精神。

參考書目

《*The Fifth Discipline: The Art and Practice of the Learning Organization*》by Peter Senge, New York: Doubleday. 1990.《第五項修練：學習型組織的藝術與實務》彼得‧聖吉著，郭進隆譯，天下文化出版，1994。

《*The Fifth Discipline Fieldbook: Strategies and Tools for Building a Learning Organization*》by Peter Senge, et al. New York: Doubleday. 1994.《第五項修練 II 實踐篇：共創學習新經驗》彼得‧聖吉等著，齊若蘭譯，天下文化出版，1995。

《*Presence: Exploring Profound Change in People, Organization and Society*》by Peter Senge, et al. Boston: Society for Organizational Learning. 2004.《修練的軌跡：引動潛能的 U 型理論》彼得‧聖吉等著，汪芸譯，天下文化出版，2006。

《*Your Body Doesn't Lie*》by John Diamond, New York: Hachette Book Group. 1989.

《*Power vs. Force : The Hidden Determinants of Human Behavior*》by David R. Hawkins. Sedona, Arizona: Veritas Publishing. 1995.《心靈能量：藏在身體裡的大智慧》大衛‧霍金斯著，蔡孟璇譯，方智出版，2012。

《*Truth vs Falsehood: How to Tell the Difference*》by David R. Hawkins, Carlsbad, California: Hay House. 2005.

《來自水的信息》江本勝著，廖哲夫譯，統一夢公園出版，2002。

《*The Biology of Belief: Unleashing the Power of Consciousness, Matter & Miracles*》by Bruce H. Lipton, Carlsbad, California: Hay House. 2006.《信念的力量：新生物學給我們的啟示》布魯斯‧立普頓著，傅馨芳譯，張老師文化出版，2009。

誌謝

非常感謝方智出版社副總編輯賴良珠、專案企畫沈蕙婷、責任編輯鍾瑩貞對第一次出書的我們大力的協助。

在此要感謝中山大學沈宜靜、魏兆廷、吳佳薇、何敬謙、施敬尹與修習「創意管理」的同學協助進行 BK 測試的示範及拍攝工作。也感謝協助我們做大量測試的詹皓鈞及羅郁棠、丘博仁、陳昱瑾及蘇誠等同學。

還要感謝十餘年來許多和我們共同進行 BK 測試的同學、朋友和聽眾，讓我們在不斷的測試中學習累積各式各樣寶貴的經驗。

特別感謝：當年邀我這個土木人至中山大學企管系任教的老校長──劉維琪，百忙中賜序；三十多年的老友宋鎧教授，病中仍口授序言；陳加屏、汪維揚兩位世界級的系統動力學高手贈序。

最後，謹將此書獻給我們的父母。

www.booklife.com.tw　　　　　　　　reader@mail.eurasian.com.tw

方智好讀 120

BK測試‧身體會告訴你什麼最好

作　　者／楊碩英、蔡安和
發 行 人／簡志忠
出 版 者／方智出版社股份有限公司
地　　址／台北市南京東路四段50號6樓之1
電　　話／（02）2579-6600‧2579-8800‧2570-3939
傳　　真／（02）2579-0338‧2577-3220‧2570-3636
總 編 輯／陳秋月
副總編輯／賴良珠
專案企畫／沈蕙婷
責任編輯／鍾瑩貞
校　　對／鍾瑩貞‧賴良珠
美術編輯／李家宜
行銷企畫／詹怡慧‧王莉莉
印務統籌／劉鳳剛‧高榮祥
監　　印／高榮祥
排　　版／杜易蓉
經 銷 商／叩應股份有限公司
郵撥帳號／18707239
法律顧問／圓神出版事業機構法律顧問　蕭雄淋律師
印　　刷／國碩印前科技股份有限公司

2019年3月　初版
2024年4月　7刷

人生九成決定於心態，比起研究幫自己實現目標的手段、方法跟知識，更重要的是先打造符合成功的心態。

只要能打造出適合你欲達成目標的心態，接下來只要等改變自動發生即可。

——《神心態》

◆ **很喜歡這本書，很想要分享**

圓神書活網線上提供團購優惠，
或洽讀者服務部 02-2579-6600。

◆ **美好生活的提案家，期待為您服務**

圓神書活網 www.Booklife.com.tw
非會員歡迎體驗優惠，會員獨享累計福利！

國家圖書館出版品預行編目資料

BK測試‧身體會告訴你什麼最好／楊碩英，蔡安和 作.
-- 初版 .-- 臺北市：方智，2019.3
272 面；14.8×20.8 公分 -- （方智好讀；120）
　　ISBN 978-986-175-517-5（平裝）
　　1. 心靈學　2. 能量
175.9　　　　　　　　　　　　　107023106

BK Testing

BK Testing

BK Testing

BK Testing